Schmidthausen
Prause

Absatzprozesse planen, steuern und kontrollieren

Merkur
Verlag Rinteln

Verfasser:
Michael Schmidthausen, Oberstudienrat in Duisburg
Petra Prause, Dipl.-Hdl. und Oberstudienrätin in Duisburg

Fast alle in diesem Buch erwähnten Hard- und Softwarebezeichnungen sind eingetragene Warenzeichen.

* * * * *

3. Auflage 2015

Gesamtherstellung:
Merkur Verlag Rinteln Hutkap GmbH & Co. KG, 31735 Rinteln
E-Mail: info@merkur-verlag.de
lehrer-service@merkur-verlag.de
Internet: www.merkur-verlag.de

ISBN 978-3-8120-**1023-8**

Vorwort der Autoren

Die neueren Lehrpläne für die berufliche Bildung im Allgemeinen sowie der Rahmenlehrplan für Industriekaufleute im Besonderen sind in erster Linie durch eine didaktisch-methodische Akzentverschiebung von der Fächerorientierung hin zur Lernfeld-/Lernsituationsorientierung gekennzeichnet. Um dem hohen Anspruch des Lernfeldkonzeptes gerecht zu werden, vermitteln wir in diesem Band die Lerninhalte des Lernfeldes 10 „Absatzprozesse planen, steuern und kontrollieren" des Rahmenlehrplans für Industriekaufleute in Form von Lernsituationen.

So können die Schülerinnen und Schüler anhand von 24 Lernsituationen die Planung, Steuerung und Kontrolle des gesamten Absatzprozesses in einem Industriebetrieb unmittelbar nachvollziehen und selbst „erleben". Die Lernsituationen beziehen sich dabei auf das in der Lernsituation 01 vorgestellte Modellunternehmen, die BüroTec GmbH.

Um dem Gedanken der Prozessorientierung gerecht zu werden, sollten die Lernsituationen im Idealfall Stück für Stück in der von uns intendierten Reihenfolge durchgearbeitet werden. Jede Lernsituation „funktioniert" jedoch in der Regel auch für sich genommen, sodass sie bei Bedarf auch punktuell eingesetzt werden können.

Die Lernsituationen beginnen jeweils mit einem situationsbezogenen und in der Regel problemorientierten Einstieg. Angeleitet durch die darauf folgenden Arbeitsaufträge sollen die Schüler zunächst das vorgegebene Problem selbstständig lösen und schließlich zu einer vertiefenden Auseinandersetzung mit dem jeweiligen (Teil-)Geschäftsprozess gelangen. Hierfür wird anschauliches und praxisnahes Informationsmaterial zur Verfügung gestellt, was zudem den Umgang mit Informationsquellen trainiert.

Ein hervorgehobenes Ziel ist es bei der Erstellung dieses Bandes gewesen, sowohl methodische Vielseitigkeit als auch den Bezug zu den prüfungsrelevanten Inhalten des jeweiligen Lernbereichs zu gewährleisten. Die Entscheidung, ob die Lernsituationen in Einzel-, Partner- oder Gruppenarbeit bearbeitet werden, wollen wir jeder Lehrerkraft selbst überlassen.

Duisburg, im Frühjahr 2015

Michael Schmidthausen
Petra Prause

Inhalt

Lernsituation 01 	Die BüroTec GmbH stellt sich vor	Absatzprozesse

Lernsituation:

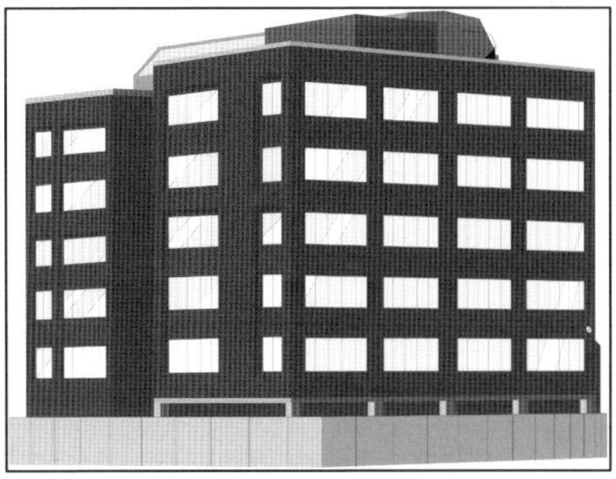

Die BüroTec GmbH ein mittelständisches Unternehmen am Niederrhein, produziert moderne Büromöbel. Der Firmensitz befindet sich in Moers in der Anglerstraße 34. Er ist in der Nähe der Autobahn A42 an der Abfahrt Moers-Repelen gelegen. Die BüroTec GmbH wendet sich mit ihren Produkten an Unternehmen sämtlicher Branchen. Privatpersonen zählen bislang nicht zu der anvisierten Zielgruppe. Der Vertrieb der Büromöbel erfolgt auf direktem Absatzweg durch die Verkaufsabteilung sowie durch mehrere Reisende an Kunden in ganz Deutschland. Der Handel ist nicht zwischengeschaltet. Die BüroTec GmbH verzichtet seit einigen Jahren auf einen eigenen Fuhrpark. Bei Bedarf arbeitet sie mit einem Speditions- und Logistikunternehmen zusammen.

Die BüroTec GmbH ist seit mehreren Jahren auf dem Markt für Büromöbel eingeführt und behauptet sich dort relativ erfolgreich gegen mehrere Wettbewerber. Hervorgegangen ist die BüroTec GmbH aus der von Moritz Schmidt 1980 gegründeten Moritz Schmidt Möbelfabrik, die sich mit der Produktion von Möbeln aller Art beschäftigte.

10 Jahre später, im Jahre 1990, entschloss sich Moritz Schmidt dazu, sich mit Michael Schneider und Petra Peters zusammenzutun und sein Unternehmen in eine GmbH umzuwandeln. Gemeinsam kamen die drei Gesellschafter zu der Entscheidung, sich fortan auf die Produktion von Büromöbeln zu spezialisieren.

Firmenanschrift

BüroTec GmbH
Anglerstraße 34
47444 Moers

Telefon, Telefax & E-Mail

Telefon: 02841 283-0
Telefax: 02841 283-1
E-Mail: info@buerotec.de

Bankverbindung

Sparkasse am Niederrhein
IBAN: DE41 3545 0000 0369 9908 94
BIC: WELADED1MOR

Postbank Essen
IBAN: DE79 3601 0043 0734 8993 29
BIC: PBNKDEFF360

Die Produkte werden nach Kundenauftrag gefertigt. Das derzeitige Produktionsprogramm umfasst drei Produktgruppen. Innerhalb einer Produktgruppe sind jeweils zwei verschiedene Modelle (Standard/Deluxe) erhältlich.

Produktgruppe I: Schreibtische
Produktgruppe II: Bürostühle
Produktgruppe III: Büroschränke

Bei den Produkten handelt es sich überwiegend um Serienprodukte. Wenn vom Kunden gewünscht, werden jedoch auch Spezialanfertigungen hergestellt. Handelswaren[1] zur Abrundung der Produktpalette werden nicht angeboten.

Die Zahl der Mitarbeiter hat in den vergangenen Jahren aufgrund der positiven Geschäftsentwicklung stetig zugenommen.

---

1 Handelswaren sind Erzeugnisse, die ohne weitere Bearbeitung weiterverkauft werden. Es handelt sich häufig um Zubehör zu den eigenen Erzeugnissen.

Zurzeit sind 150 Mitarbeiter bei der BüroTec GmbH beschäftigt.

Die BüroTec GmbH ist gemäß dem Einliniensystem aufgebaut. Die Geschäftsführung wird von den drei Gesellschaftern gemeinsam wahrgenommen.

Der Geschäftsführung unterstehen die zwei Bereichsleiter. Diese sind den Abteilungsleitern ihrer Bereiche gegenüber weisungsbefugt, die wiederum nur ihren Mitarbeitern Weisungen erteilen dürfen.

Das nachfolgende Organigramm verdeutlicht die Aufbauorganisation der BüroTec GmbH.

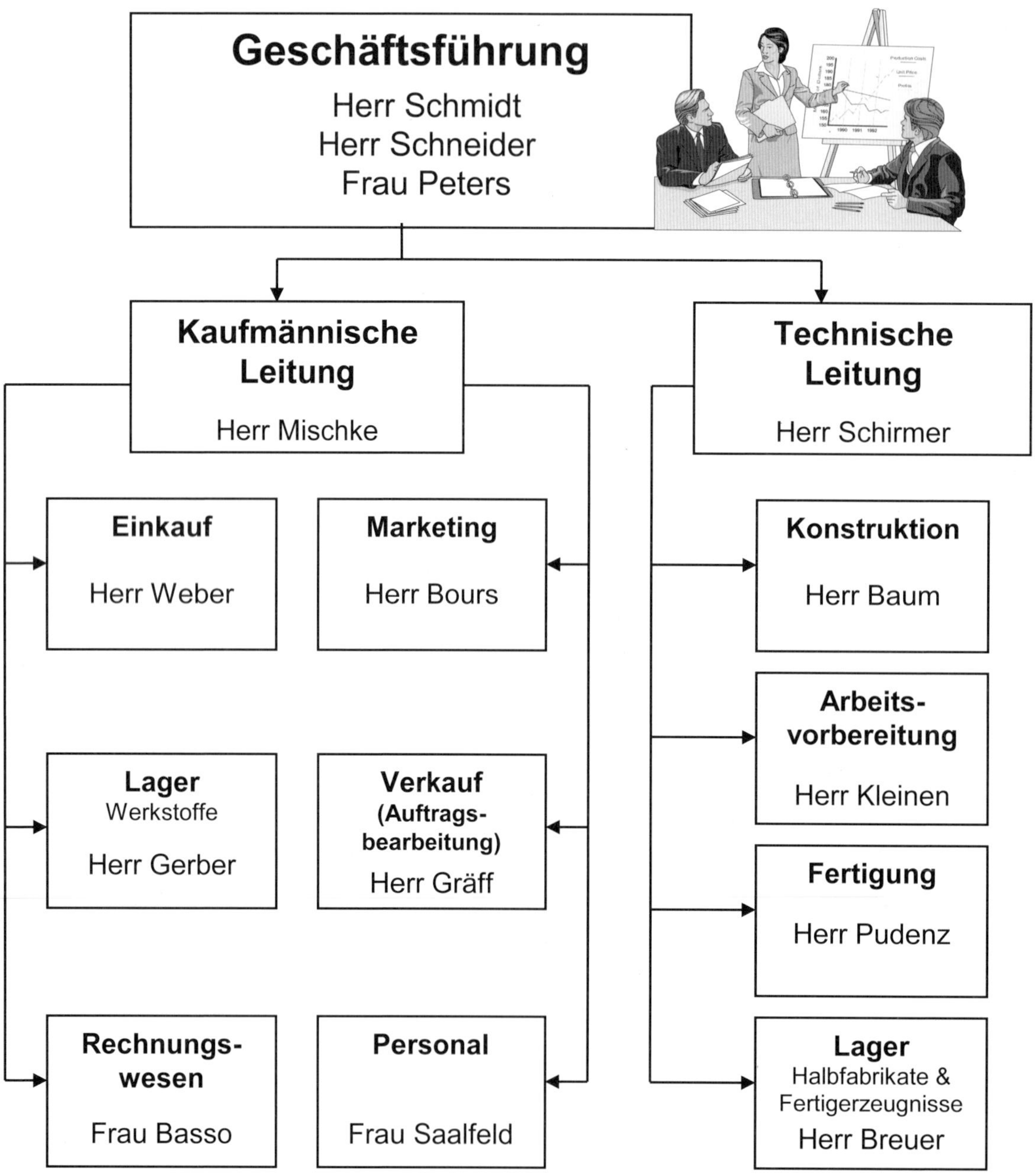

Arbeitsaufträge:

1. Verschaffen Sie sich einen Überblick über die BüroTec GmbH. Nutzen Sie hierzu das Auswertungsformular (Info 1).

2. Nehmen Sie an, Sie sind als Mitarbeiter/-in für den Absatzbereich bei der BüroTec GmbH eingestellt worden. Welche Tätigkeiten fallen in den Abteilungen Verkauf und Marketing an?

Tätigkeiten in den Abteilungen Verkauf und Marketing

Nr.	Tätigkeiten	Verkauf oder Marketing?
1		
2		
3		
4		
5		
6		
7		
8		
9		
10		
11		
12		

3. Die beiden Abteilungen Verkauf und Marketing sind dem Bereich Absatz zuzuordnen. Welche Ziele werden durch die in Arbeitsauftrag 2 genannten Absatzaktivitäten verfolgt?

Ziele im Absatzbereich (Verkauf und Marketing)

Nr.	
1	
2	
3	
4	
5	
6	
7	

4. Vervollständigen Sie mithilfe von Info 2 nachfolgende Übersicht (Info 3), die die Unterschiede zwischen den Bereichen Absatz, Marketing und Verkauf verdeutlicht.

5. Vervollständigen Sie das nachfolgende Schaubild, um den Unterschied zwischen dem Absatzprogramm und dem Produktionsprogramm zu veranschaulichen.

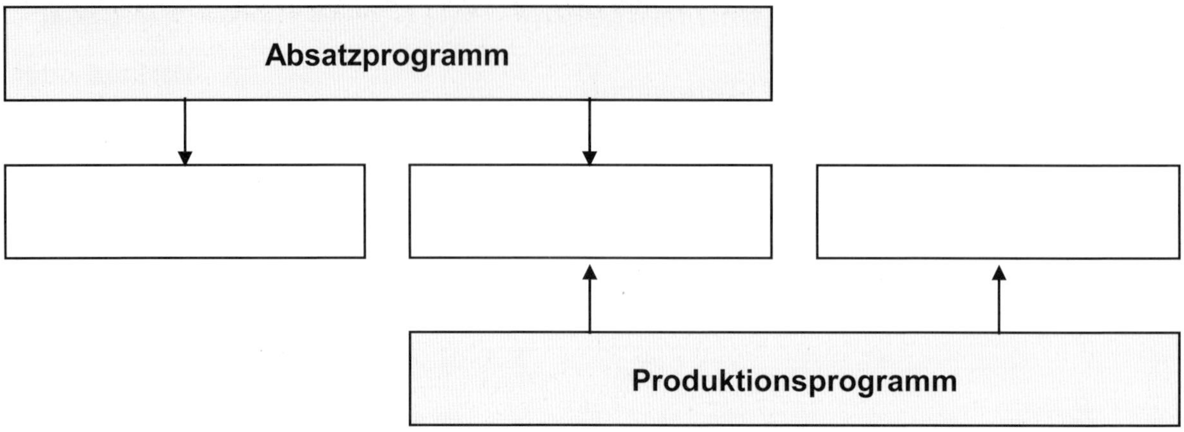

6. Beurteilen Sie das Absatzprogramm der folgenden Unternehmen hinsichtlich der Programmbreite und der Programmtiefe. (Zutreffendes ankreuzen!)

   6.1 Die BüroTec GmbH produziert in den Produktgruppen Schreibtische, Bürostühle und Büroschränke jeweils zwei Modelle.

   6.2 Die Yohama AG ist in den verschiedensten Bereichen tätig. Das Absatzprogramm reicht von Motorrädern über Musikinstrumente bis hin zu diversen Sportartikeln. In allen Bereichen sind viele verschiedene Ausführungen erhältlich.

   6.3 Das Absatzprogramm der Salwa AG besteht ausschließlich aus Salzmineralien, die in einem Salzbergwerk am linken Niederrhein abgebaut werden und in wenigen Ausführungen angeboten werden.

Unternehmen	Absatzprogrammbreite		Absatzprogrammtiefe		Begründung
	breit	schmal	tief	flach	
BüroTec GmbH					
Yohama AG					
Salwa AG					

7. Diskutieren Sie folgende Aussagen:

   7.1 „Marketing ist überflüssig. Gute Produkte verkaufen sich von selbst. Nur minderwertige Produkte brauchen Marketing.“

   7.2 „Nur Dumme reagieren auf Marketing. Kluge Menschen vergleichen die Preise.“

Info 1: Auswertungsformular

BüroTec GmbH

1. Unternehmensart: ______________________________
2. Branche: ______________________________
3. Produktgruppen: ______________________________

   ____
4. Gesellschaftsform (Rechtsform): ______________________________
5. Gesellschafter: ______________________________

   ____

   ____
6. Gründungsjahr: ______________________________
7. Hervorgegangen aus: ______________________________
8. Standort: ______________________________
9. Verkaufsgebiet: ______________________________
10. Vertriebsweg: ______________________________
11. Kundenzielgruppe: ______________________________
12. Fertigung: ______________________________

    ____
13. Zahl der Mitarbeiter: ______________________________
14. Aufbauorganisation: ______________________________

2 Schmidthausen, Prause ISBN 978-3-8120-1023-8

Info 2: Auszug aus dem ABC des Marketings

A

Lexikon des Marketings

Absatz, Marketing und Verkauf

Zunehmend gesättigte Märkte in Verbindung mit verschärftem Wettbewerbsdruck auf globalisierten Märkten haben dazu geführt, dass der Absatz von Produkten immer schwieriger wird. Der nach dem 2. Weltkrieg vorherrschende Verkäufermarkt, auf dem Produkte relativ problemlos abgesetzt werden konnten, ist längst zum Käufermarkt geworden. Heutzutage „buhlen" viele Wettbewerber um die Gunst des Kunden. Aus diesem Grund kommt den Absatzbemühungen enorme Bedeutung zu.

Im Absatzbereich ist zwischen dem Verkauf (häufig auch Vertrieb genannt) und dem Marketing zu unterscheiden.

Die wesentliche Aufgabe des Verkaufs besteht darin, Kundenaufträge zu bearbeiten. Im Einzelnen bedeutet dies:

- Kundenanfragen bearbeiten
- Kunden beraten
- Neukunden gewinnen
- Verkaufsgespräche führen
- Verträge abschließen
- Reklamationen bearbeiten
- ausstehende Rechnungsbeträge einfordern
- ...

Um auf dem Markt erfolgreich zu sein, benötigt man ein attraktives Produkt, das zu einem wettbewerbsfähigen Preis angeboten werden kann und dem potenziellen Kunden durch Werbung bekannt gemacht wurde. All dies ist Aufgabe des Marketings. Marketing hat sozusagen eine den Verkauf vorbereitende Funktion. Marketing stellt den Kunden mit all seinen Wünschen und Anforderungen in den Mittelpunkt aller Aktivitäten. Im Einzelnen stehen dem Marketing vier absatzpolitische Instrumente, auch Marketinginstrumente genannt, zur Verfügung:

- Produkt- und Programmpolitik

Hier wird entschieden, welche Produkte auf dem Markt angeboten werden, wie sie im Detail aussehen sollen und wann sie vom Markt genommen werden müssen. Design, Qualität, Farbe, Material und nicht zuletzt der Name entscheiden darüber, ob ein Produkt am Markt erfolgreich ist oder nicht.

- Preis- und Konditionenpolitik

Im nächsten Schritt muss festgelegt werden, zu welchem Preis ein Produkt angeboten werden soll. Den „richtigen" Preis zu finden, erfordert viel Fingerspitzengefühl. Ist der Preis zu hoch, werden nur wenige Leute das Produkt kaufen.

Fortsetzung

Ist der Preis zu niedrig, fällt der Umsatz geringer aus, als er hätte sein können. Darüber hinaus muss im Rahmen der Konditionenpolitik u.a. entschieden werden, ob und in welcher Höhe Preisnachlässe gewährt werden und welche Zahlungs- und Lieferbedingungen den Kunden angeboten werden sollen.

- Kommunikationspolitik

Die Kommunikationspolitik ist in die Bereiche Werbung, Öffentlichkeitsarbeit (Public Relations) und Verkaufsförderung (Salespromotion) zu unterteilen. Die Werbung dient dazu, das Produkt bzw. das Produktprogramm des Unternehmens auf dem Markt bekannt zu machen. Bei der Öffentlichkeitsarbeit steht nicht das Produkt, sondern das Image des Unternehmens im Vordergrund. Verkaufsfördernde Maßnahmen wie z.B. Produktvorführungen, Preisausschreiben und ähnliche Gewinnspiele haben, wie der Name schon sagt, die Aufgabe, den Absatz anzukurbeln.

- Distributionspolitik

Im Rahmen der Distributionspolitik muss grundsätzlich geklärt werden, ob die Produkte direkt oder indirekt über den Groß- und Einzelhandel an die Endverbraucher verkauft werden sollen. Zudem muss eine Entscheidung darüber gefällt werden, auf welche Absatzorgane (z.B. eigene Außendienstmitarbeiter im Verkauf oder selbstständige Handelsvertreter) zurückgegriffen werden soll. Nicht zuletzt muss entschieden werden, welche Verkehrsmittel für den Transport der Produkte zum Kunden eingesetzt werden sollen.

Die vier beschriebenen absatzpolitischen Instrumente sind nicht losgelöst voneinander zu betrachten, sondern so geschickt zu kombinieren, dass die jeweils gesetzten Ziele erreicht werden können. Man spricht in diesem Zusammenhang auch vom Marketing-Mix.

Hierbei ist wichtig zu berücksichtigen, dass nicht aufeinander abgestimmte Entscheidungen fatale Auswirkungen haben können. So kann z.B. ein zu niedriger Preis den Versuch, das Produkt über entsprechende Werbemaßnahmen als Premiummarke am Markt zu positionieren, zunichtemachen.

Grundlage für einen optimalen Marketing-Mix sind die Ergebnisse der Marktforschung. Nur wer die Wünsche seiner Kunden kennt und um die Wettbewerbsbedingungen auf seinem Markt weiß, kann auf Dauer erfolgreich sein.

Absatzprogramm vs. Produktionsprogramm

Mit Produktionsprogramm ist die Gesamtheit aller Erzeugnisse gemeint, die in einem Unternehmen hergestellt werden. Es beinhaltet neben den Erzeugnisse, die für den Verkauf bestimmt sind, in Ausnahmenfällen auch Erzeugnisse, die für den Eigenbedarf genutzt werden.

Das Absatzprogramm hingegen beinhaltet neben den selbst hergestellten und für den Verkauf bestimmten Erzeugnissen sogenannte Handelswaren. Handelswaren sind Produkte, die nicht in die eigenen Erzeugnisse eingehen. Sie werden ohne weitere Bearbeitung weiterverkauft. Häufig handelt es sich um Zubehör zu den eigenen Erzeugnissen, die das Absatzprogramm abrunden sollen. Produktionsprogramm und Absatzprogramm können, müssen jedoch nicht deckungsgleich sein.

Info 3: Schaubild Absatz, Verkauf und Marketing

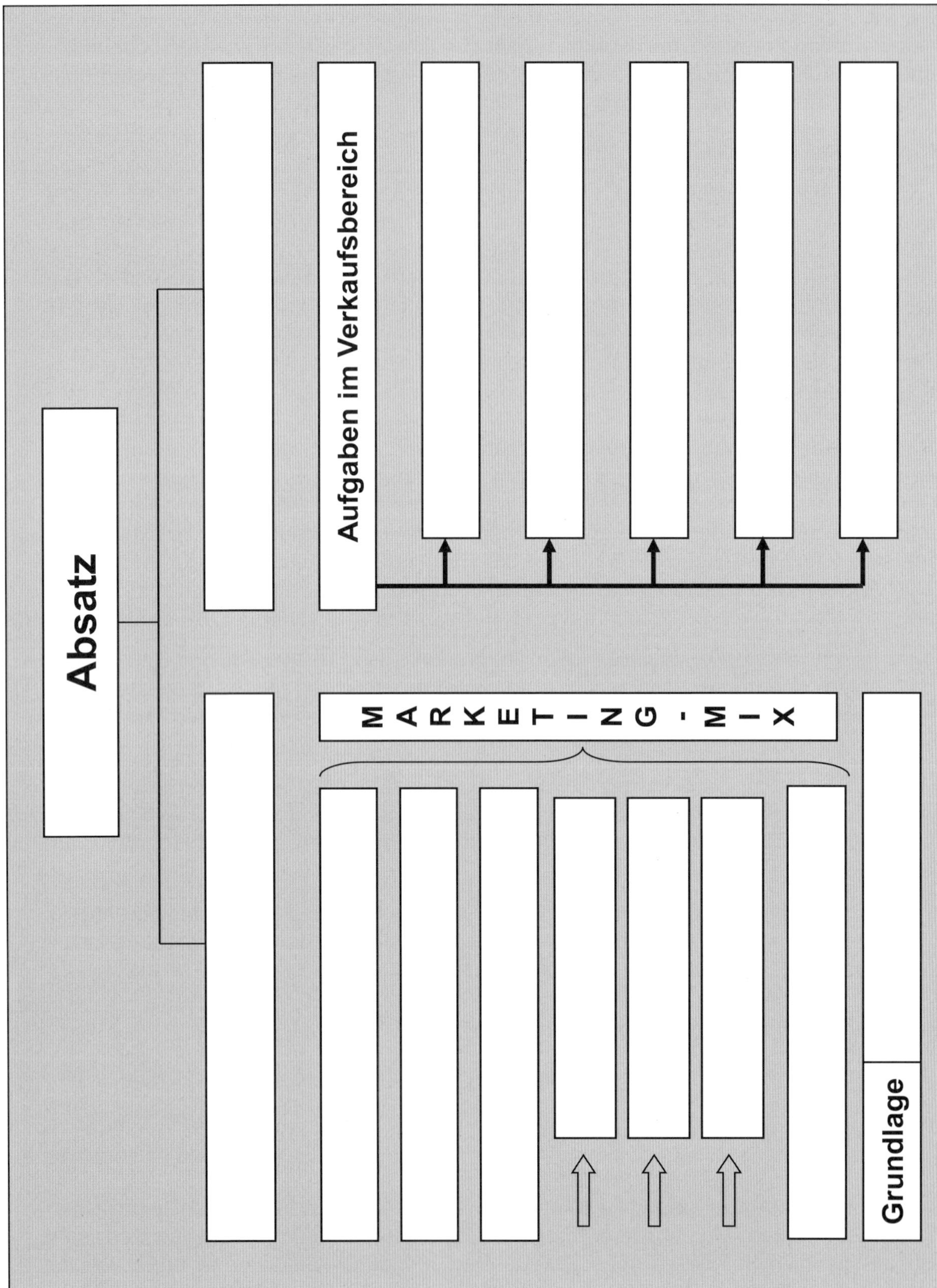

Lernsituation 02 	**Marktforschung betreiben (Teil 1)**	**Absatz-prozesse**

Lernsituation:

Anfang Februar treffen sich die geschäftsführenden Gesellschafter der BüroTec GmbH, um das vergangene Geschäftsjahr Revue passieren zu lassen. Anwesend sind Herr Schmidt, Frau Peters und Herr Schneider.

Herr Schmidt: Frau Peters, Herr Schneider, die Zahlen, die ich heute Morgen von Herrn Mischke, unserem kaufmännischen Leiter, bekommen habe, sind wirklich alles andere als erfreulich.

Frau Peters: In der Tat, eine derart negative Entwicklung habe ich nicht erwartet.

Herr Schneider: Ein solcher Gewinneinbruch kommt auch für mich überraschend.

Herr Schmidt: Wir müssen umgehend handeln. Ich schlage vor, wir verdoppeln unseren Werbeetat.

Frau Peters: Meine Herren, bevor wir solche Ausgaben tätigen, sollten wir doch mal genauer hingucken.

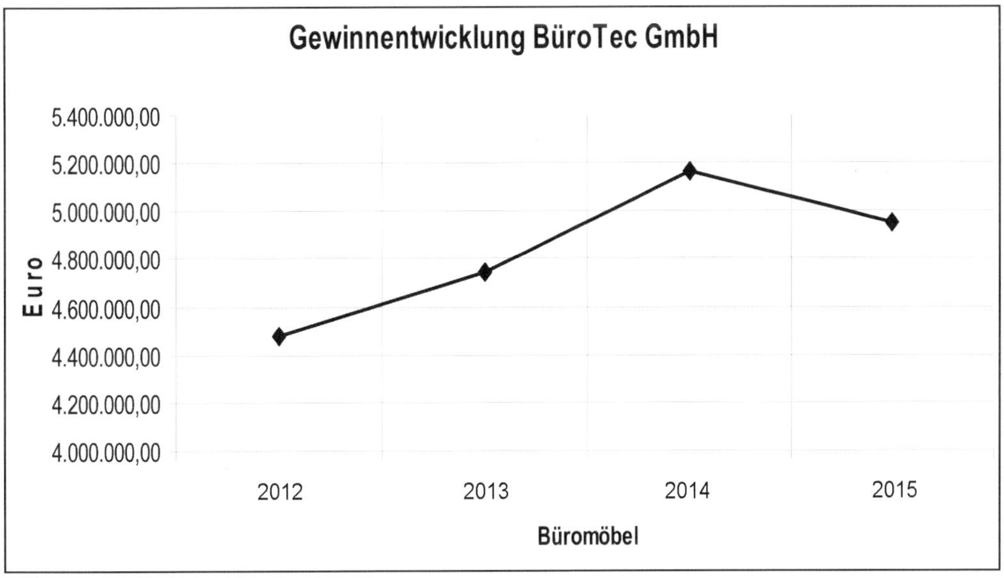

Arbeitsaufträge:

1. Was meint Frau Peters mit ihrem Einwand?
2. Führen Sie Gründe an, die zu dem Gewinneinbruch geführt haben könnten.

Mögliche Gründe für den Gewinneinbruch		

3. Welche Konsequenzen ergeben sich für die BüroTec GmbH aus dem Gewinneinbruch?

4. Gehen Sie den Problemen bei der BüroTec GmbH auf den Grund und analysieren Sie anhand folgender Leitfragen mithilfe des Auswertungsformulars (Info 3) die unternehmensspezifische Ausgangslage (Info 1 und 2):

   4.1 Beschreiben Sie modellbezogen die Umsatz-, Absatz- und Gewinnentwicklung 2015 im Vergleich zum Vorjahr (↑ = positive Entwicklung / ↔ = stagnierende Entwicklung / ↓= negative Entwicklung).

   4.2 Arbeiten Sie die Gründe für den Erfolg bzw. Misserfolg heraus.

   4.3 Schlagen Sie für die weniger erfolgreichen Modelle geeignete Maßnahmen vor.

   4.4 Erklären Sie in Bezug auf die Büroschränke „Standard" den scheinbaren Widerspruch „stagnierender Umsatz/Absatz auf der einen Seite und positive Gewinnentwicklung auf der anderen Seite".

5. Analysieren Sie anschließend die Wettbewerbsituation (Info 4), in der sich die BüroTec GmbH befindet. Nutzen Sie hierzu das Auswertungsformular (Info 5).

   5.1 Ermitteln Sie das Marktvolumen für die Jahre 2014 und 2015.

   5.2 Um wie viel % ist das Marktvolumen 2015 im Vergleich zum Vorjahr angewachsen?

   5.3 Um wie viel % soll der Markt im Jahr 2016 gemäß Marktprognose wachsen?

   5.4 Ermitteln Sie die Marktanteile der Wettbewerber für die Jahre 2014 und 2015.

   5.5 Wie haben sich die Marktanteile prozentual (nicht in %-Punkten) verändert?

   5.6 Zeichnen Sie ein Säulendiagramm, das die Marktanteile der Wettbewerber für die Jahre 2014 und 2015 veranschaulicht (pro Jahr eine Säule).

   5.7 Worauf ist die gegenwärtige Marktentwicklung zurückzuführen?

   5.8 Welche weiteren Erkenntnisse ergeben sich aus dem Informationsmaterial?

   5.9 Fassen Sie die Ergebnisse der Wettbewerbsanalyse zusammen.

6. Unterbreiten Sie anhand der vorhandenen Marktforschungsergebnisse drei produktpolitische Vorschläge bezüglich des Absatzprogrammes der BüroTec GmbH.

Produktpolitische Maßnahme 1	
Produktpolitische Maßnahme 2	
Produktpolitische Maßnahme 3	

Info 1: Statistiken

BüroTec GmbH

Interne Mitteilung

an: Herr Bours (Marketing)

von: Karl Klaas
Abteilung: RW
Datum: 05.02.20..
Zeichen: kl

Absatz-, Umsatz- und Gewinnentwicklung 2012 – 2015 (Säulendiagramme)

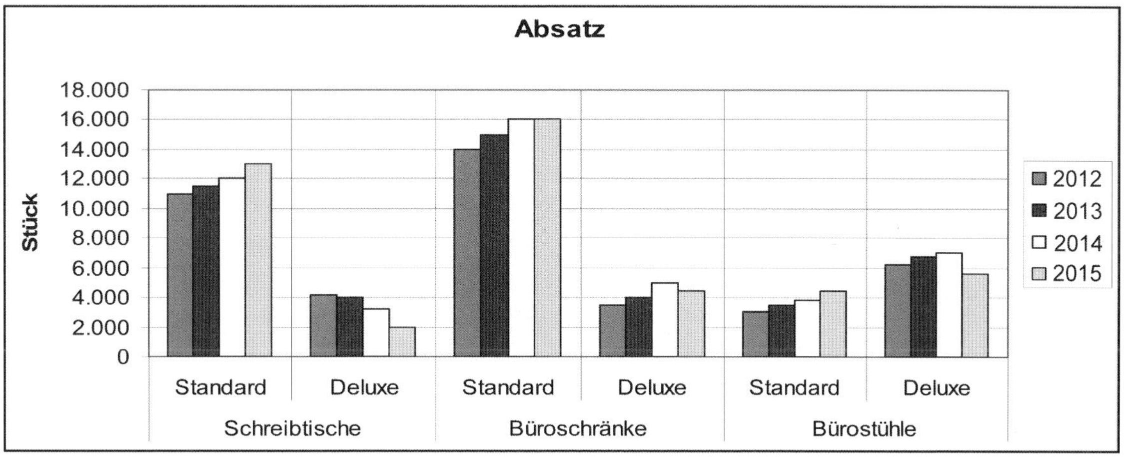

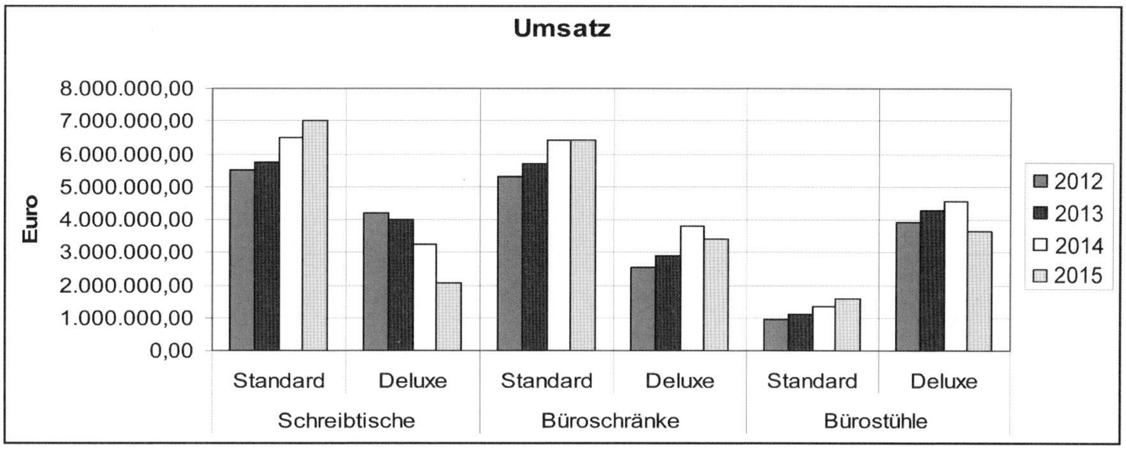

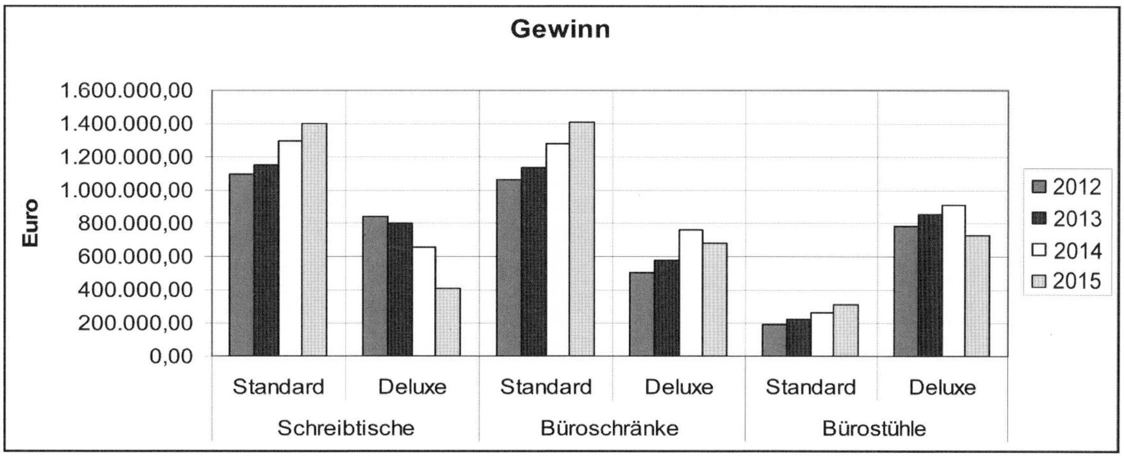

Info 2: Repräsentativer Bericht eines Außendienstmitarbeiters (Reisender)

BüroTec GmbH

Reisebericht

Von: Dennis Heine, Außendienstmitarbeiter, Abtl. Verkauf
An: Holger Bours, Abtl. Marketing

04.02.20..

Bewertung des Absatzprogramms (Produktpalette)

Die von mir besuchten Unternehmen scheinen aufgrund der guten konjunkturellen Situation hohe Umsätze zu erzielen. Einige expandieren und sind daran interessiert, ihre Büros neu und modern einzurichten.

<u>Produktgruppe Schreibtische</u>

Gegenüber dem Vorjahr ist die Nachfrage nach unserem Schreibtisch „Standard" gestiegen. Unsere Werbekampagne im Herbst scheint sich positiv ausgewirkt zu haben.

Die erfolgreiche Zeit unseres Schreibtisches „Deluxe" scheint sich jedoch unerbittlich dem Ende zuzuneigen. Auch in diesem Jahr ist der Umsatz weiter gesunken. Unser mittlerweile in die Jahre gekommenes Produkt wird den Wünschen der Kunden einfach nicht mehr gerecht. Man sprach von „zu wuchtig" und nannte ihn oft altmodisch.

<u>Produktgruppe Büroschränke</u>

An Büroschränken besteht generell großes Interesse. Hiervon profitieren jedoch ausschließlich unsere Wettbewerber. Der Umsatz unserer Büroschränke „Standard" stagniert, wenn auch auf recht hohem Niveau. Diese Stagnation ist nicht zuletzt auf massive Werbemaßnahmen einiger Wettbewerber zurückzuführen.

Obwohl unser Büroschrank „Deluxe" den Produkten der Wettbewerber ebenbürtig ist, ist der Umsatz rückläufig. Der Grund hierfür scheint an der attraktiveren Preisgestaltung einiger Wettbewerber zu liegen.

<u>Produktgruppe Bürostühle</u>

Bei unseren Standardbürostühlen ist eine leicht positive Entwicklung zu verzeichnen. Der Umsatz von Standardbürostühlen bewegt sich allerdings, wie bei den Wettbewerbern auch, auf recht niedrigem Niveau. Die in diesem Preisbereich fehlenden ergonomischen Eigenschaften scheinen hierbei eine große Rolle zu spielen.

Der Umsatz unserer ehemals sehr erfolgreichen Bürostühle „Deluxe" ist drastisch eingebrochen. Die schlechte Verarbeitungsqualität hat zu vielen Reklamationen geführt und unserem Unternehmensimage großen Schaden zugefügt. Die Probleme in der Produktion sollten so schnell wie möglich beseitigt werden.

Dennis Heine

Info 3: Auswertungsformular

Analyse der unternehmensspezifischen Ausgangssituation

Produktfeld Schreibtische			Gründe für den Erfolg bzw. Misserfolg
Standard	Absatz		
	Umsatz		
	Gewinn		
Deluxe	Absatz		
	Umsatz		
	Gewinn		

Produktfeld Büroschränke			Gründe für den Erfolg bzw. Misserfolg
Standard	Absatz		
	Umsatz		
	Gewinn		
Deluxe	Absatz		
	Umsatz		
	Gewinn		

Produktfeld Bürostühle			Gründe für den Erfolg bzw. Misserfolg
Standard	Absatz		
	Umsatz		
	Gewinn		
Deluxe	Absatz		
	Umsatz		
	Gewinn		

Maßnahmen	

3 Schmidthausen, Prause ISBN 978-3-8120-1023-8

Info 4: Studie Büromöbel

ORGATEC

Büromöbelmesse

Pressemitteilung

Aufwärtstrend bei Büromöbeln hält an

Nach Jahren des Marktrückgangs und zahlreichen Restrukturierungsmaßnahmen befindet sich die Büromöbelbranche seit 2011 wieder in einer Wachstumsphase. Und auch 2016 zeichnet sich eine Fortsetzung der positiven Entwicklung ab.

Die Büromöbelindustrie setzte 2015 ihren Wachstumskurs fort. Die im bso-Verband (Büro-, Sitz- und Objektmöbel) zusammengeschlossenen Büromöbelhersteller konnten im Jahr 2015 ihren Umsatz im Vergleich zum Vorjahr steigern. Zu dieser positiven Entwicklung stellte der bso-Vorsitzende Hendrik Hund fest: „Die nun schon einige Zeit anhaltende positive Entwicklung ist ungebrochen. Gründe hierfür sind die gute konjunkturelle Entwicklung und der enorme Nachholbedarf aufgrund nicht getätigter Investitionen in der Vergangenheit."

Das Marktvolumen 2014 betrug 234.763.636,36 €. Im Jahr 2015 konnten die Umsätze auf 240.950.000,00 € gesteigert werden. Nach eingehenden Untersuchungen des Instituts für Absatzförderung e.V., Düsseldorf, ist für das Jahr 2016 mit einer weiteren Steigerung zu rechnen. Bei einer realistischen Einschätzung der Marktsituation ist eine Steigerung des Marktvolumens auf 256.000.000.00 € zu erwarten. Folgende Tabelle gibt Aufschluss über die Marktanteile der Wettbewerber.

Wettbewerber	Umsatzerlöse 2014	Umsatzerlöse 2015
BüroTec GmbH	25.824.000,00	24.095.000,00
Designermöbel AG	28.171.636,36	31.323.500,00
König & Klever AG	79.819.636,36	81.923.000,00
Fleischer KG	21.128.727,27	24.095.000,00
Pro Office AG	56.343.272,73	60.237.500,00
Sonstige	23.476.363,64	19.276.000,00

Getragen wird das Wachstum in erster Linie durch die hohe Inlandsnachfrage. Das Exportgeschäft hat sich mit einem geringeren Umsatzplus etwas verlangsamt. Ursache für die Abschwächung war die geringere Nachfrage aus den westeuropäischen Nachbarländern.

Die Büromöbelhersteller bewegen sich in punkto Design, Verarbeitungsqualität und Kundenservice von einigen Ausnahmen abgesehen auf einem recht hohen Niveau. Besonders erfolgreich sind derzeit insbesondere diejenigen Unternehmen, die über ein sehr breites Absatzprogramm verfügen und neben den Standardprodukten, wie Schreibtischen, Bürostühlen und Büroschränken, noch weitere Produkte anbieten.

Info 5: Auswertungsformular

Analyse der Wettbewerbssituation

Kennzahl	2014	2015	+/- in %
Markt-volumen in €			

Marktwachstum 2016 (Marktprognose in %)

Kennzahl (Marktanteile in %)	2014	2015	+ /- in %	Kennzahl (Marktanteile in %)	2014	2015	+ /- in %
BüroTec GmbH				Fleischer KG			
Designermöbel AG				Pro Office AG			
König & Klever AG				Sonstige			

Säulendiagramm Marktanteile 2014/2015

Gründe / Weitere Erkenntnisse	

Fazit	

Lernsituation 03 	Marktforschung betreiben (Teil 2)	Absatz-prozesse

Lernsituation (Fortsetzung):

Zu Beginn der dritten Februarwoche treffen sich die Gesellschafter der BüroTec GmbH, Herr Schmidt, Frau Peters und Herr Schneider, um die vorliegenden Marktforschungsergebnisse zu besprechen.

Herr Schmidt: Ich bin froh, dass wir den Ursachen unserer Probleme auf den Grund gehen konnten.

Frau Peters: Das ist richtig, Herr Schmidt. Nur so können wir Erfolg versprechende Gegenmaßnahmen einleiten.

Herr Schneider: Ganz meine Meinung. Unser technischer Leiter, Herr Schirmer, hat mir versichert, dass wir die Qualitätsprobleme in den Griff bekommen werden. Besonders dringend scheint mir jetzt die Entwicklung eines neuen Schreibtisches Deluxe zu sein.

Herr Schmidt: Das sehe ich auch so. Unsere Konstrukteure sind bereits mit der Angelegenheit beauftragt. Ich hoffe, dass sie den Geschmack der Kunden treffen.

Frau Peters: Nun, meine Herren, darauf alleine sollten wir uns aber nicht verlassen.

Herr Schmidt und Herr Schneider blicken Frau Peters fragend an.

Arbeitsaufträge:

1. Was hat Frau Peters im Sinn, wenn sie sich nicht allein auf ihre Konstrukteure verlassen möchte?
2. Um einen marktgerechten Schreibtisch entwickeln und auf den Markt bringen zu können, soll eine Befragung der Geschäftskunden durchgeführt werden.

   2.1 Überlegen Sie sich 4 zweckmäßige Fragen, die ausgewählten Kunden im Rahmen einer schriftlichen Fragebogenaktion gestellt werden könnten.

Nr.	Zweckmäßige Fragestellungen
1	
2	
3	
4	

   2.2 Um die Auswertung zu vereinfachen, soll der Fragebogen ausschließlich Fragen mit vorgegebenen Antworten zum Ankreuzen (geschlossene Fragen) enthalten. Wählen Sie zwei der unter 2.1 erarbeiteten Fragen aus und konzipieren Sie sinnvolle Antwortalternativen.

   2.3 Die Rücklaufquote von Fragebogenaktionen ist häufig sehr gering. Unterbreiten Sie Vorschläge, die sich positiv auf die Rücklaufquote auswirken können.

3. Die BüroTec GmbH unterhält Geschäftsbeziehungen zu 18.000 Unternehmen. Die Befragung sämtlicher Kunden wäre zu aufwendig und zu teuer. Aus diesem Grund sollen im Rahmen einer Stichprobe 8 % der Kunden befragt werden.

   Der Marketingleiter der BüroTec GmbH vertritt die Auffassung, dass die Kundenwünsche je nachdem, ob männliche oder weibliche Führungskräfte die Entscheidung über die Anschaffung neuer Büromöbel treffen, unterschiedlich ausfallen können.

   Auch Firmensitz und die Größe des Unternehmens erscheinen ihm in diesem Zusammenhang bedeutsam. Aus diesem Grund soll die Stichprobe repräsentativ sein.

   Wie viele und welche Unternehmen sollen befragt werden? Runden Sie wenn nötig auf 2 Stellen nach dem Komma auf.

Zu befragende Unternehmen		West	Ost
Zahl der zu befragenden Personen (insgesamt)			
Zahl der zu befragenden Personen (West/Ost)			
Großunternehmen	insgesamt		
	davon Verantwortliche / m		
	davon Verantwortliche / w		
Mittlere Unternehmen	insgesamt		
	davon Verantwortliche / m		
	davon Verantwortliche / w		
Kleinunternehmen	insgesamt		
	davon Verantwortliche / m		
	davon Verantwortliche / w		

Kundendaten

BüroTec GmbH

Interne Mitteilung

an: Herr Bours (Marketing)

von: Karl Klaas
Abteilung: RW
Datum: 16.02.20..
Zeichen: kl

Kunden der BüroTec GmbH im Jahr 20..

Kunden	Großunternehmen			Mittlere Unternehmen			Kleinunternehmen		
	Zahl	Verantwortliche		Zahl	Verantwortliche		Zahl	Verantwortliche	
		m	w		m	w		m	w
West	1.200	70 %	30 %	8.400	80 %	20 %	2.400	60 %	40 %
Ost	600	65 %	35 %	4.200	70 %	30 %	1.200	50 %	50 %

4. Erstellen Sie mithilfe von Info 1 eine Übersicht (Info 2) zum Thema Marktforschung.

5. Überlegen Sie, wie folgende Informationen beschafft werden können und welche Marktforschungsmethode angewandt wird. Klären Sie anschließend, ob die aufgeführten Informationen zur Analyse der unternehmensspezifischen Ausgangslage, der Wettbewerbssituation oder der Zielgruppe benötigt werden. In einigen Fällen sind Mehrfachnennungen denkbar.

A: 1 = eigene Statistiken
2 = Verbandsveröffentlichungen
3 = Kataloge der Wettbewerber
4 = Fragebogenaktion
5 = Wirtschaftszeitungen
6 = Konjunkturberichte diverser Wirtschaftsinstitute
7 = Geschäftsberichte (Wettbewerber)
8 = Internetauftritt (Wettbewerber)

B: 1 = Primärforschung
2 = Sekundärforschung

C: 1 = unternehmensspezifische Ausgangslage
2 = Wettbewerbssituation
3 = Zielgruppe

Nr.	Informationen über ...	A	B	C
1	Absatz, Umsatz und Gewinn der BüroTec GmbH			
2	Marktwachstum der Büromöbelbranche			
3	Kaufmotive der Kunden			
4	Marktanteile der Wettbewerber			
5	Kundenwünsche			
6	Reklamationsquote der BüroTec GmbH			
7	Marktvolumen der Büromöbelbranche			
8	Daten über die gesamtwirtschaftliche Entwicklung			
9	Preisvorstellungen der Kunden			
10	Auftragseingänge in sämtlichen Branchen			
11	Umsatz und Gewinn einzelner Wettbewerber			
12	Technologie der Wettbewerber			

Info 1: Auszug aus dem ABC des Marketings

M

ABC des Marketings

Marktforschung

Fundierte Entscheidungen können nur getroffen werden, wenn die Situation auf den Märkten, auf denen sich ein Unternehmen bewegt, bekannt ist. Die systematische Sammlung und Auswertung von diesbezüglichen Informationen wird Marktforschung[1] genannt.

Zunächst sollte die **unternehmensspezifische Ausgangslage** geklärt werden. In diesem Zusammenhang ist das Rechnungswesen oder das Controlling gehalten, Statistiken über die Umsatz-, Absatz-, Kosten- und Gewinnentwicklung sowie die Zahl der Reklamationen bereitzustellen. Auch Berichte von Außendienstmitarbeitern stellen eine wichtige interne Informationsquelle dar. Da die oben aufgeführten Informationen schon für andere Zwecke, wie z.B. den Jahresabschluss und die Gewinn- und Verlustrechnung, bereitgestellt wurden, spricht man in diesem Zusammenhang von **Sekundärforschung** oder auch Desk Research.

Im nächsten Schritt ist die **Wettbewerbssituation,** in der sich das Unternehmen befindet, zu analysieren. Hierbei sind zunächst das Marktvolumen, das Marktwachstum, und die Marktanteile der Wettbewerber zu ermitteln. Darüber hinaus muss das eigene Unternehmen mit den Wettbewerbern hinsichtlich Absatzprogramm, Produktqualität, Preispolitik, Service, Lieferzeit, Werbeaufwand und Vertriebswege miteinander verglichen werden. Die benötigten Informationen können auf externem Wege, z.B. aus Verbandsstatistiken, Fachzeitschriften, Veröffentlichungen der IHK oder diverser wirtschaftswissenschaftlicher Institute herausgearbeitet werden. Auch Internetauftritte der Wettbewerber sowie deren Kataloge und Preislisten sind geeignete Informationsquellen. Da auch hier auf bereits vorhandene Informationen zurückgegriffen wird, die ursprünglich für andere Zwecke bereitgestellt wurden, spricht man wie im obigen Fall von der **Sekundärforschung**.

Ein weiterer wichtiger Baustein der Marktforschung ist in der **Analyse der Zielgruppe** zu sehen. Kundenwünsche, Kaufmotive, Preisvorstellungen sowie die Zusammensetzung der Kunden nach Alter, Geschlecht, Ausbildung und Einkommen lassen sich meist nicht aus schon vorhandenen Informationen herausarbeiten. Aus diesem Grund sind die Informationen i.d.R. durch eigens durchgeführte Untersuchungen zu beschaffen. Man spricht in diesem Zusammenhang von **Primärforschung** oder auch Field Research. Die Primärforschung ist sehr kostenintensiv und wird häufig an hierauf spezialisierte Marktforschungsinstitute vergeben.

Primärforschung erfolgt in Form von Befragungen, Beobachtungen und Experimenten. Die **Befragungen** können schriftlich, mündlich, telefonisch oder computergestützt durchgeführt werden. Hier kann z.B. mit offenen oder geschlossenen (hier sind die Antworten vorgegeben) Fragen gearbeitet werden.

---

1 Marktuntersuchungen, die unsystematisch durchgeführt werden, bezeichnet man als Markterkundungen.

Fortsetzung

Während bei den Befragungen die Meinungen und Ansichten der Zielgruppe im Vordergrund stehen, geht es bei den **Beobachtungen** um das Kaufverhalten oder bspw. die Mimik beim Betrachten der Produkte.

Darüber hinaus besteht die Möglichkeit, Produkte, Verpackungen, Werbemittel oder Preise im Rahmen von **Experimenten** zu testen. Hierbei ist zwischen Labor- und Feldexperimenten zu unterscheiden. So kann man im Rahmen von Laborexperimenten Testpersonen unterschiedliche Produkt- oder Verpackungsentwürfe vorstellen, die anschließend bewertet werden müssen. Feldexperimente können in Markt- und Storetests unterschieden werden. Unter Markttest ist ein probeweiser kontrollierter Verkauf in einem regional begrenzten Testmarkt zu verstehen. Beim Storetest werden die Produkte in 20 bis 30 ausgewählten Testgeschäften verkauft.

Im Rahmen von **Befragungen** ist zu klären, ob alle potenziellen Kunden (Grundgesamtheit) befragt werden sollen (Vollerhebung) oder ob eine stichprobenartige Befragung (Teilerhebung) ausreicht.

Im letzteren Fall ist darauf zu achten, dass die **Stichprobe** repräsentativ ist, d.h. die Grundgesamtheit widerspiegelt. Soll eine stichprobenartige Befragung durchgeführt werden, ist zunächst zu klären, wie groß die Stichprobe sein soll. Je größer der Umfang der Stichprobe, desto zuverlässiger das Ergebnis, aber desto höher sind auch die Kosten.

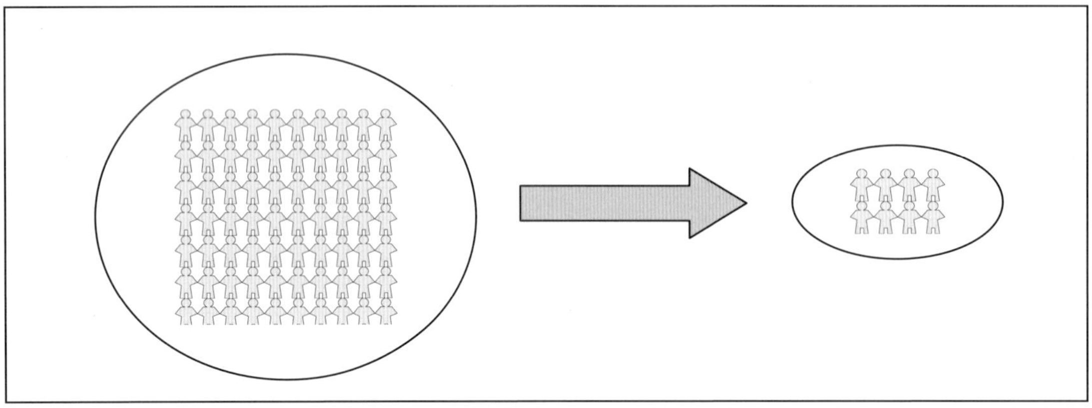

Ist dies geschehen, muss entschieden werden, ob die zu befragenden Personen zufällig oder bewusst ausgewählt werden sollen.

Zufallsverfahren werden auch Randomverfahren genannt. Bei einfachen Randomverfahren werden die zu befragenden Personen beliebig aus einer Datei/Kartei ausgewählt. So könnte z.B. jeder zehnte Kunde befragt werden. Zufallsverfahren bieten sich vor allem an, wenn es sich bei der Grundgesamtheit um einen homogenen Personenkreis handelt.

Ist die Grundgesamtheit eher heterogen, bieten sich **bewusste Auswahlverfahren** an. Das hier am häufigsten angewandte Verfahren ist das Quotenauswahlverfahren. Hier erhalten die mit der Befragung beauftragten Personen Vorgaben, nach denen sie sich bei der Auswahl der zu befragenden Personen richten müssen. Dies können z.B. Alter, Geschlecht, Einkommensverhältnisse oder Bildungsstand sein. Die konkrete Auswahl bleibt dann den mit der Befragung beauftragten Personen überlassen.

Info 2: Übersicht zum Thema Marktforschung

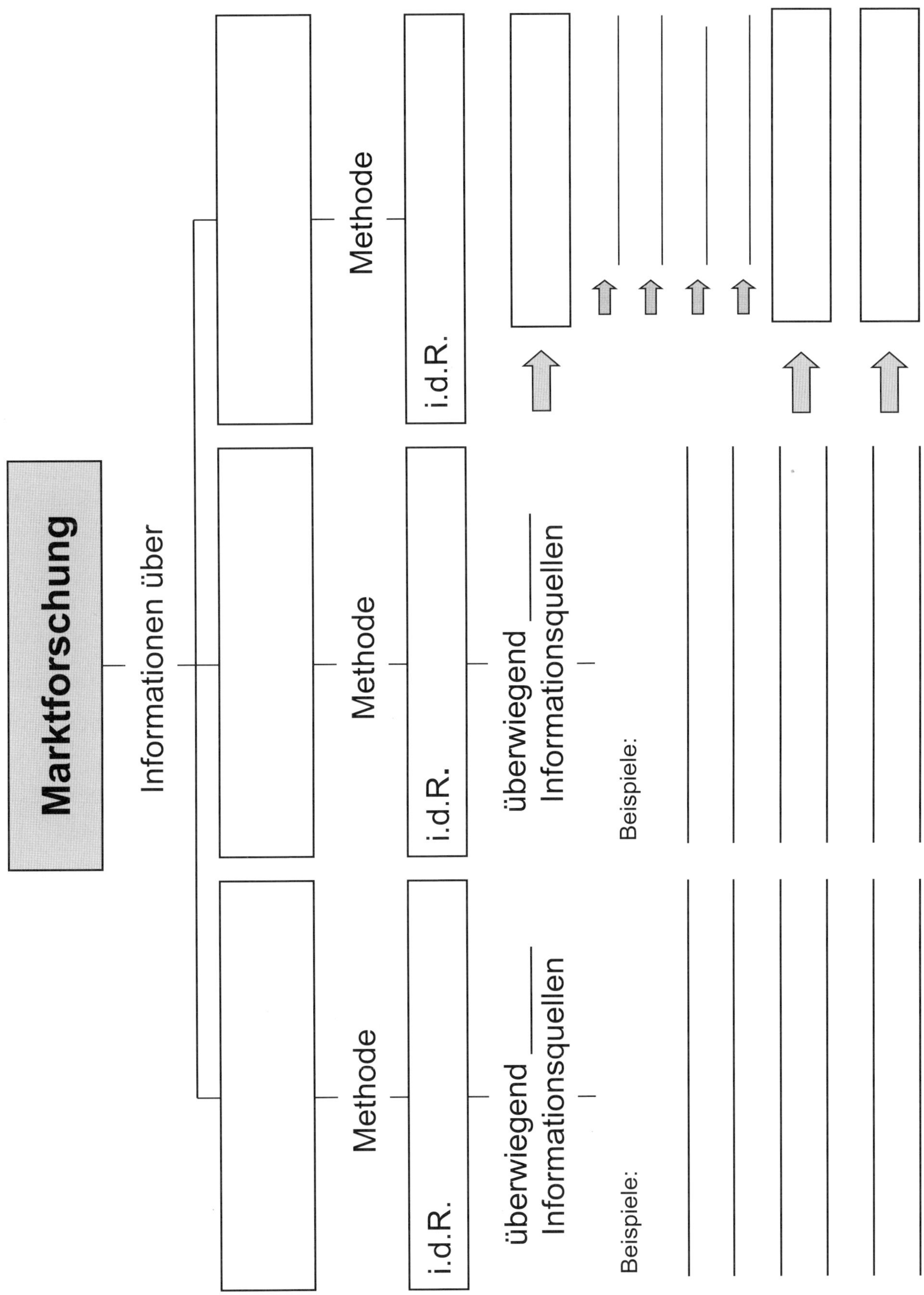

4 Schmidthausen, Prause ISBN 978-3-8120-1023-8

Lernsituation 04 	Produktpolitische Maßnahmen ergreifen (Teil 1)	Absatzprozesse

Lernsituation:

Die von der BüroTec GmbH durchgeführte Marktanalyse hat ergeben, dass das Absatzprogramm mit den drei Produktgruppen Schreibtische, Büroschränke und Bürostühle und den Ausführungen Standard und Deluxe im Vergleich mit den Wettbewerbern sehr beschränkt ist. Des Weiteren hat man herausgefunden, dass die massiven Umsatzeinbrüche in der Produktgruppe Schreibtische insbesondere auf den veralteten Schreibtisch Deluxe zurückzuführen sind. Die Unternehmensführung der BüroTec GmbH will nun entschieden gegensteuern. Neue Produkte sollen die BüroTec GmbH wieder auf Kurs bringen.

Arbeitsaufträge:

1. Sammeln Sie mithilfe der Methode 6-3-5 (Info) Ideen für neue Produkte, die die BüroTec GmbH in ihr Absatzprogramm aufnehmen könnte. Lassen Sie hierbei Ihrer Phantasie freien Lauf.

   - Bilden Sie ein Team aus 6 Personen.
   - Jedes Teammitglied erhält das vorstrukturierte Formular.
   - Tragen Sie in die erste Zeile 3 Ideen ein.
   - Nach 5 Minuten wird das Formular an das nächste Mitglied weitergereicht, das wiederum 5 Minuten Zeit hat, weitere Lösungsvorschläge zu notieren.
   - Beachten Sie: Man kann sich ausdrücklich von den Ideen seines Vorgängers inspirieren lassen und diese weiterentwickeln oder aber eigene ganz andere Ideen notieren.
   - Wiederholen Sie diesen Schritt 5-mal.

Methode 6-3-5					
Ideensammlung: Neue Produkte für das Absatzprogramm der BüroTec GmbH					
1		**2**		**3**	
4		**5**		**6**	
7		**8**		**9**	
10		**11**		**12**	
13		**14**		**15**	
16		**17**		**18**	

2. Entwickeln Sie mithilfe der Morphologie (Info) Ideen für einen neuen Schreibtisch.

Konzeption „Schreibtisch Deluxe"				
Merkmal	**derzeitige Lösung**	**Alternative Lösungen**		
Form der Arbeitsplatte	rechteckig			
Material der Arbeitsplatte	Spanplatte			
Farbe der Arbeitsplatte	weiß			
Maße der Arbeitsplatte	2 x 130 x 80 (H x B x T)			
Form des Gestells	4 Beine			
Material des Gestells	Stahlrohr (rund)			
Stauraum	nicht vorhanden			
Sonstiges	nicht vorhanden			

3. Worin besteht der wesentliche Unterschied zwischen der Methode 6-3-5 und der Morphologie, was die Art der gesammelten Ideen angeht?

4. Ideen für neue Produkte können mithilfe von Kreativitätstechniken oder auch durch Anregungen seitens der Kunden gefunden werden. Führen Sie weitere Möglichkeiten an, wie Unternehmen auf neue Ideen kommen können.

5. Kunden erwarten von einem Produkt einen Nutzen. Dieser Nutzen kann in Grund- und Zusatznutzen unterteilt werden. Der Grundnutzen liegt im Produkt selbst begründet. Er ist meist objektiv vorhanden. Der Zusatznutzen bezieht sich auf Produkteigenschaften, die häufig nicht objektiv messbar sind. Sie entstehen im Kopf des Kunden und sind daher subjektiver Natur, z.B. Selbstverwirklichungsbedürfnisse oder soziale Bedürfnisse. Bestimmen Sie den Grund- und Zusatznutzen der folgenden Produkte.

Produkte	Grundnutzen	Zusatznutzen
Büromöbel für die Führungsebene		
Automobil Premiumklasse		
Designer-jeans		

Info: Auszug aus dem ABC des Marketings

K

ABC des Marketings

Kreativitätstechniken

Bei der Suche nach Produktideen sind insbesondere Kreativitätstechniken von großer Bedeutung. Hierbei ist zwischen systematisch-logischen Verfahren und intuitiven Methoden zu unterscheiden.

Ein **systematisch-logisches Verfahren** ist in der Morphologie zu sehen. Hier wird ein Produkt in seine charakteristischen Merkmale zerlegt. Nun sucht man für jedes Merkmal mögliche Ausprägungen. Es entstehen viele Kombinationen, aus denen diejenige Kombination ausgewählt wird, die aus Sicht des Unternehmens den meisten Erfolg verspricht. Die Morphologie ist insbesondere bei der Weiterentwicklung von Produkten gut einsetzbar.

Beispiel: Morphologischer Kasten zur Konzeption eines Pkw

Konzeption eines Pkw				
Merkmale	**Alternative Lösungen**			
Typenklasse	Limousine	Geländewagen	Sportwagen	Kombi
Motor	Diesel	Vierzylinder	Sechszylinder	Achtzylinder
Fahrwerk	sportlich	ausgewogen	bequem	sänftenartig
Leistung	100 PS	140 PS	180 PS	200 PS
Farbe	rot	schwarz	weiß	blau
Polsterung	Leder	Velours	Alcantara	Kunstleder
Ausstattung	luxuriös	sportlich	pro Familie	reisetauglich

Intuitive Methoden sind z.B. das Brainstorming, das Brainwriting und die Methode 6-3-5.

Beim Brainstorming sollen durch freie Assoziation und gegenseitige Anregungen neue Ideen entstehen. Hierbei wird ein Team aus etwa 5 bis 7 Personen gebildet. Zudem muss ein Moderator benannt werden, der die Brainstorming-Sitzung leitet. Nachdem der Moderator die Aufgabe vorgestellt hat, äußern die Teammitglieder per Zuruf ihre Ideen. Die Ideen werden sichtbar auf einem Whiteboard, einer Tafel oder einem Flipchart notiert. Alle Ideen, insbesondere die ausgefallenen Ideen, werden akzeptiert. Kritik ist streng untersagt, da sich Einwände störend auf den schöpferischen Prozess auswirken. Quantität geht vor Qualität. Erst im Anschluss an das Brainstorming, das zwischen 20 und 40 Minuten andauern sollte, werden die Ideen im Rahmen der Screening-Phase bewertet.

Das Brainwriting (Kartenabfrage) ähnelt dem Brainstorming. Die Ideensammlung erfolgt jedoch nicht auf Zuruf, sondern jedes Teammitglied entwickelt alleine für sich eigene Ideen und schreibt diese auf Karten. Jede Karte sollte nur eine Idee enthalten. Im Anschluss werden die Karten an eine Pinnwand geheftet. Nun fasst man zusammenhängende Ideen zu Gruppen zusammen (Cluster-Technik) und versucht, Oberbegriffe zu finden. Ein Vorteil im Vergleich zum Brainstorming ist darin zu sehen, dass die eigene Meinung nicht so stark durch andere beeinflusst wird. Andererseits fehlt die Inspiration durch die Ideen der übrigen Teammitglieder. Die Bewertung der Ideen erfolgt in der sich anschließenden Screening-Phase.

Bei der Methode 6-3-5 wird aus 6 Personen ein Team gebildet. Die Ideensammlung beginnt damit, dass jedes Teammitglied ein vorstrukturiertes Formular erhält, in das 3 Lösungsvorschläge eingetragen werden. Nach 5 Minuten wird das Formular an das nächste Mitglied weitergereicht. Dieses trägt in der nächsten Zeile weitere Ideen ein. Man kann sich dabei ausdrücklich von den Ideen seines Vorgängers inspirieren lassen und diese weiterentwickeln oder aber eigene ganz andere Ideen notieren. Dieser Schritt wird 5-mal wiederholt, sodass im optimalen Fall am Ende sechs Formulare mit jeweils 18 Lösungsvorschlägen vorliegen. Auch hier erfolgt die Auswertung in der anschließenden Screening-Phase.

Lernsituation 05 	**Produktpolitische Maßnahmen ergreifen (Teil 2)**	**Absatz-prozesse**

Lernsituation:

Am nächsten Tag bittet Herr Mischke, der kaufmännische Leiter der BüroTec GmbH, Herrn Bours, Leiter des Marketings, zu sich, um den Stand der Dinge zu erfahren.

Herr Mischke: Nun, Herr Bours, sind Sie auf der Suche nach Ideen für neue Produkte fündig geworden?

Herr Bours: Zweifellos, Herr Mischke. Mein Team und ich haben uns gestern Nachmittag zusammengesetzt und über neue Produkte nachgedacht. Dabei sind wir auf eine Menge interessanter Ideen gestoßen.

Herr Mischke: Das hört sich ja vielversprechend an. Aber der Weg von einer guten Idee bis zu einem erfolgreichen Produkt ist weit. Wie wollen Sie weiter vorgehen?

Herr Bours: Nun, wir werden morgen Vormittag damit beginnen ...

Arbeitsaufträge:

1. Klären Sie mithilfe von Info 2, wie es bei der BüroTec GmbH weitergeht. Vervollständigen Sie in diesem Zusammenhang das Schaubild „Phasen der Produktentwicklung“ (Info 1).

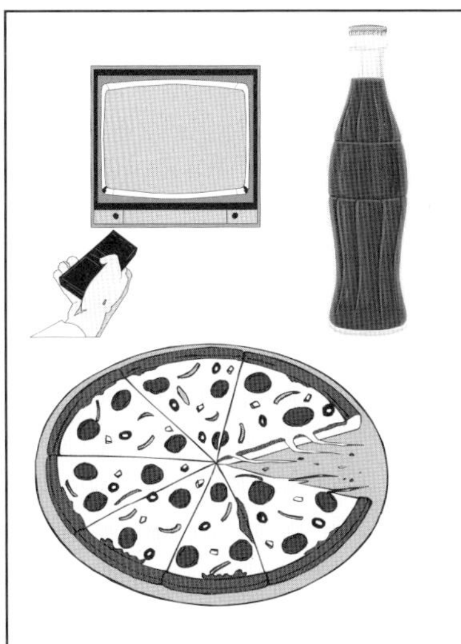

2. Neben dem Produkt i.e.S. müssen sich die Unternehmen auch Gedanken über die Verpackung (Produkt i.w.S.) machen. Die Verpackung hat verschiedene Aufgaben zu erfüllen. Führen sie verschiedene Aspekte an, die bei der Verpackungsgestaltung zu berücksichtigen sind und ordnen Sie diese den aufgeführten Oberbegriffen in der zur Verfügung stehenden Tabelle (Info 3) zu. Bedenken Sie: Fast alle Produkte benötigen eine Verpackung, gleich ob es sich um ein Möbelstück, ein Getränk, ein TV-Gerät oder eine Tiefkühlpizza handelt.
   A. Wodurch wirkt eine Verpackung absatzfördernd?
   B. Wovor soll eine Verpackung schützen?
   C. Welche Informationen sollten einer Verpackung zu entnehmen sein?
   D. Welchen Service kann eine Verpackung bieten?
   E. Wie sollte eine umweltgerechte Verpackung beschaffen sein?
3. Aus welchen Gründen sollten Konstruktion, Einkauf und Marketing bei der Produktentwicklung eng zusammenarbeiten?
4. Informieren Sie sich zunächst über produktpolitische Maßnahmen im Rahmen der Produktpolitik (Info 4). Vervollständigen Sie in diesem Zusammenhang das entsprechende Schaubild (Info 5). Verwenden Sie an den betreffenden Stellen <u>eigene</u> Beispiele.

5. Um welche produktpolitischen Maßnahmen handelt es sich in folgenden Fällen?

Fall A:

Ein großer Getränkehersteller nimmt aufgrund anhaltender Absatzschwierigkeiten eine vor zwei Jahren eingeführte Limonade vom Markt.

Produktpolitische Maßnahme	

Fall B:

Ein amerikanischer Hersteller von Unterhaltungselektronik hat seinen MP3-Player Xenon bislang mit 8- und 16-GB-Flash-Laufwerken angeboten. 2.000 bzw. 4.000 Songs können gespeichert werden. Mitte des Jahres soll der Xenon auch mit einem 32-GB-Flash-Laufwerk erhältlich sein.

Produktpolitische Maßnahme	

Fall C:

Ein europäischer Automobilhersteller bietet derzeit Limousinen, Kombis und Vans an. Nächstes Jahr soll das Produktprogramm um einen Geländewagen erweitert werden.

Produktpolitische Maßnahme	

Fall D:

Eine amerikanische Fastfood-Kette unterhält seit kurzem eigene landwirtschaftliche Betriebe, um größeren Einfluss auf die Qualität der Erzeugnisse zu gewinnen.

Produktpolitische Maßnahme	

Fall E:

Einem deutschen Hersteller von Nutzfahrzeugen ist es gelungen, den Dieselverbrauch seiner Lkws zu senken. Die neuen Fahrzeuge sollen die alten Fahrzeuge Mitte des Jahres ersetzen.

Produktpolitische Maßnahme	

Fall F:

Ein global tätiges Unternehmen, das Sportartikel herstellt, beabsichtigt, in den kommenden Jahren ein eigenes Händlernetz aufzubauen. Die Geschäfte sollen zunächst in allen Hauptstädten Europas eröffnet werden.

Produktpolitische Maßnahme	

Fall G:

Ein japanisches Unternehmen produziert seit Jahren Sportartikel, Motorboote und Motorräder. Zukünftig sollen darüber hinaus Musikinstrumente vertrieben werden.

Produktpolitische Maßnahme	

Info 1: Phasen der Produktentwicklung

Phasen der Produktentwicklung

	Phasen	Erläuterungen
1	Ideenfindung	
2		
3		
4		
5		
6		

Info 2: Auszug aus dem ABC des Marketings

P

ABC des Marketings

Produktplanungsprozess

Die Entwicklung eines neuen oder modifizierten Produktes vollzieht sich in mehreren Phasen. Man spricht in diesem Zusammenhang auch vom Produktplanungsprozess.

Der erste Schritt ist die Suche nach neuen Produktideen. Neue Produktideen können durch Ideensammlung und/oder Ideenproduktion entstehen. Unter Ideensammlung ist die systematische Erfassung von Produktideen gemeint. Hierbei kann es sich um Ideen der Wettbewerber oder aber um Anregungen der eigenen Mitarbeiter handeln, z.B. aus den Abteilungen Konstruktion, Marketing, Verkauf, Reklamation, Kundenservice oder dem betrieblichen Vorschlagswesen. Auch die Ergebnisse der in Großunternehmen vorhandenen Forschungs- und Entwicklungsabteilungen spielen eine große Rolle. Die Ideenproduktion meint die gezielte „Produktion“ neuer Ideen durch spezielle Kreativitätstechniken, wie z.B. dem Brainstorming, dem Brainwriting, der Methode 6-3-5 und der Morphologie (siehe auch Kreativitätstechniken im ABC des Marketings).

Im Anschluss daran, sind diejenigen Produktideen auszuwählen, die weiter verfolgt werden sollen (Screening-Phase). Diese Phase erfolgt in zwei Schritten. Im Rahmen der Grobauswahl werden zunächst diejenigen Vorschläge ausgesondert, die nicht mit den Unternehmenszielen oder dem Unternehmensimage vereinbar sind. Zudem müssen die Marktchancen, das benötigte Know-how, der Investitionsbedarf und fertigungstechnische Gesichtspunkte berücksichtigt werden. Die verbleibenden Produktvorschläge werden nun einer genaueren Prüfung (Feinauswahl) unterzogen. So wird im Rahmen einer Wirtschaftlichkeitsanalyse, z.B. einer Break-even-Analyse, die Absatzmenge ermittelt, die erforderlich ist, um die mit Entwicklung, Produktion und Absatz des Produktes verbundenen Kosten zu decken. Grundlage hierfür sind Prognosen über Absatzchancen, am Markt realisierbare Verkaufspreise und Kosten, die durch das neue Produkt entstehen.

Hat man sich dazu entschieden, einen oder mehrere Produktvorschläge zu realisieren, erhalten die Abteilungen Konstruktion und Marketing in Phase 3 gemeinsam die Aufgabe, ein Produktkonzept zu erstellen. Aus Sicht des Käufers werden zunächst die Eigenschaften festgelegt, die das Produkt aufweisen sollte, um auf dem Markt erfolgreich zu sein. Anschließend wird über den Namen, die Form, die Farbe, den Funktionsumfang, die Verarbeitungsqualität, das Image und die Verpackung des Produktes entschieden. Neben dem eigentlichen Produkt trägt insbesondere die Verpackung wesentlich zur Kaufentscheidung des Kunden bei. Die Verpackung erfüllt unterschiedliche Aufgaben: Neben der Schutzfunktion liegt die Funktion der Verpackung für viele Händler und Hersteller insbesondere im Bereich der absatzfördernden Wirkung. Um dem ständigen Anstieg der Verpackungsmengen entgegenzuwirken, wurde 1991 die Verpackungsverordnung erlassen. Diese schreibt den Herstellern und Händlern vor, Verpackungen zurückzunehmen und fachgerecht zu verwerten oder aber über ein flächendeckendes Duales System entsorgen zu lassen. Aus diesem Grund spielen bei der Verpackungsgestaltung Umweltaspekte ebenfalls eine große Rolle. Für die Kunden hingegen steht meist die Informations- bzw. Servicefunktion im Vordergrund. Bei Verpackungen ist grundsätzlich zwischen Verkaufsverpackungen, Umverpackungen und Transportverpackungen zu unterscheiden. Verkaufsverpackungen umgeben das Produkt unmittelbar, wie z.B. der Joghurtbecher. Umverpackungen hingegen sind zusätzliche Umhüllungen der Verkaufsverpackung, die die Selbstbedienung erleichtern sollen oder vor Diebstahl schützen sollen sowie nur der absatzfördernden Wirkung wegen verwendet werden.

Fortsetzung

Aufgrund der Verpackungsverordnung ist der Anteil der Umverpackungen am gesamten Verpackungsaufkommen rückläufig. Transportverpackungen sind Verpackungen, die überwiegend für den Transport vom Hersteller zum Händler eingesetzt werden, wie z.B. Joghurtpaletten.

In der nächsten Phase muss die Konstruktionsabteilung anhand des Produktkonzepts mithilfe leistungsfähiger CAD-Systeme ein fertigungs- und funktionsgerechtes Produkt gestalten, d.h., Baugruppen und Einzelteile müssen ausgearbeitet, Maße festgelegt, die zu verwendenden Werkstoffe ausgewählt sowie Fertigungsunterlagen (Konstruktionszeichnungen, Stücklisten etc.) erstellt werden. Hierbei ist den Bestimmungen des Kreislaufwirtschafts- und Abfallgesetzes Folge zu leisten.

Danach wird meist ein Prototyp gefertigt, der unternehmensintern einer intensiven Qualitätskontrolle unterzogen wird.

Ist das Ergebnis zufriedenstellend, wird das Produkt in der Realität erprobt, d.h., das Produkt wird einem Markttest unterzogen, um zu überprüfen, wie es bei den Kunden ankommt. Eine Möglichkeit besteht darin, das Produkt probeweise auf einem Testmarkt anzubieten. Um die Vergleichbarkeit des Testmarktes mit dem Gesamtmarkt zu gewährleisten, sollte der Testmarkt räumlich begrenzt sein und in seiner Zusammensetzung der Grundgesamtheit entsprechen. Eine weitere Möglichkeit ist der sogenannte Store-Test. Hier wird das Produkt probeweise in ausgewählten Einzelhandelsgeschäften angeboten. Neben den Markttests besteht darüber hinaus die Möglichkeit, die Akzeptanz des Produktes im Rahmen von Labortests zu überprüfen. Mithilfe von Testpersonen kann die Qualität der Produkte und deren Verpackung bewertet werden. Auch Möglichkeiten der Preisgestaltung können hier ausgelotet werden. Hat das Produkt die Produkttests erfolgreich durchlaufen, kann das Produkt als marktreif angesehen werden. Das Produkt kann produziert und auf dem Markt eingeführt werden.

Info 3: Aspekte der Verpackungsgestaltung

Aspekte der Verpackungsgestaltung			
A Absatzfördernde Wirkung	B Schutzfunktion	C D Information und Service	E Umweltaspekte

5 Schmidthausen, Prause ISBN 978-3-8120-1023-8

Info 4: Auszug aus dem ABC der Marketings

P

ABC des Marketings

Produkt- und Produktprogrammpolitik

Im Rahmen der **Produktprogrammplanung** wird festgelegt, welche Produkte hergestellt werden sollen. Man spricht in diesem Zusammenhang auch vom Produktmix. Die Produktprogrammplanung unterscheidet zwischen folgenden produktpolitischen Maßnahmen:

- Produktinnovation
- Produktmodifikation
- Produktelimination

Mit **Produktinnovation** ist die Entwicklung und Einführung neuer Produkte gemeint, die entweder noch gar nicht am Markt angeboten wurden (Marktneuheiten) oder aber für das betreffende Unternehmen eine Neuheit darstellen (Unternehmensneuheiten). Im Rahmen der Produktinnovation ist zwischen der **Produktdifferenzierung** und der **Produktdiversifikation** zu unterscheiden.

Bei der **Produktdifferenzierung** wird ein am Markt eingeführtes Produkt hinsichtlich einzelner Produktmerkmale (Form, Farbe, Material, Ausstattung etc.) verändert. Neben dem ursprünglichen Produkt werden nun auch die Varianten des Produktes angeboten.

Bei der **Produktdiversifikation** werden neue Produkte in das Produktprogramm aufgenommen. Hier ist zwischen horizontaler, lateraler und vertikaler Produktdiversifikation zu unterscheiden. Handelt es sich um artverwandte Produkte der gleichen Fertigungsstufe, spricht man von **horizontaler Produktdiversifikation**. Beispiel: Ein TV-Geräte-Hersteller produziert nun auch DVD-Recorder. Stehen die Produkte in überhaupt keinem Zusammenhang mit dem bestehenden Produktprogramm, ist von **lateraler Produktdiversifikation** die Rede. Beispiel: Ein Lebensmittelhersteller produziert neuerdings auch Computerzubehör. Mit **vertikaler Produktdiversifikation** ist gemeint, dass Produkte der vor- bzw. nachgelagerten Wirtschaftsstufe in das Produktprogramm aufgenommen werden. Beispiel: Ein Automobilhersteller produziert die Autositze zukünftig selbst.

Bei der **Produktmodifizierung** (auch Produktvariation genannt) wird ein am Markt eingeführtes Produkt hinsichtlich einzelner Produktmerkmale (Form, Farbe, Material, Qualität, Haltbarkeit, Ausstattung etc.) verändert (modifiziert) bzw. verbessert. Der Unterschied zur Produktdifferenzierung ist u.a. darin zu sehen, dass das ursprüngliche Produkt vom Markt genommen wird. Wird ein Produkt in mehrfacher Hinsicht verändert bzw. stark verbessert ist die Grenze zwischen Produktmodifikation und Produktinnovation fließend.

Unter **Produktelimination** ist die Herausnahme von Produkten aus dem Produktprogramm zu verstehen. Die Entscheidung, ein Produkt zu eliminieren, wird häufig mithilfe der Deckungsbeitragsrechnung getroffen.

Info 5: Übersicht über mögliche produktpolitische Maßnahmen

Produktpolitische Maßnahmen

A ____________________

➡ Allgemein: Entwicklung und Einführung ________ Produkte

1 ____________________

➡ Ein Produkt wird hinsichtlich einzelner Produktmerkmale ___________. Das ______ Produkt wird ______________ zu dem alten Produkt angeboten.

2 ____________________

➡ _____ Produkte (Markt- oder Unternehmens______________) werden in das Produktprogramm _________________.

- horizontal: z.B. ____________________________ ____________________________
- lateral: z.B. ____________________________ ____________________________
- vertikal: z.B. ____________________________ ____________________________

B ____________________

➡ Ein Produkt wird hinsichtlich einzelner Produktmerkmale ____________ bzw. _______________. Das ursprüngliche Produkt wird vom Markt ___________.

C ____________________

➡ Ein Produkt wird aus dem Produktprogramm ______________.

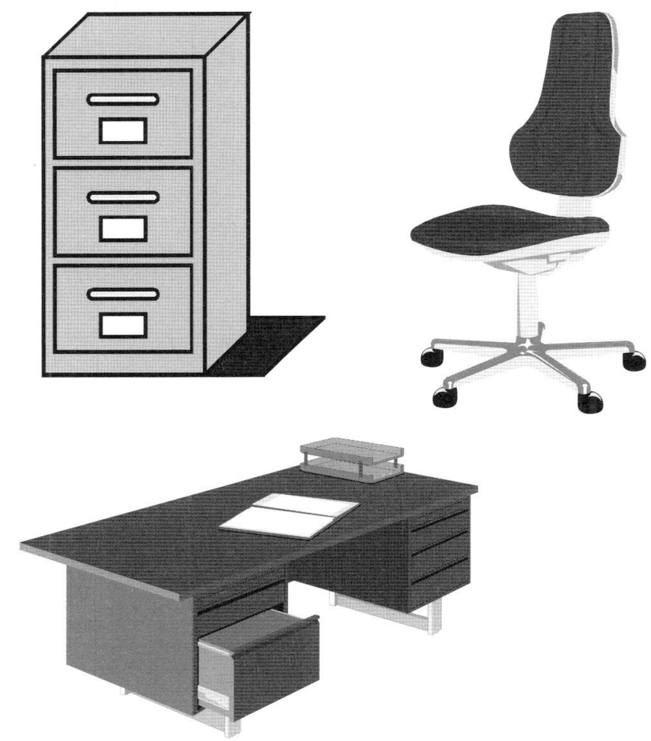

Lernsituation 06 	**Preise kalkulieren (Teil 1)**	**Absatz-prozesse**

Lernsituation:

Nach einigen Wochen harter Arbeit ist es soweit, die Produktentwicklung ist abgeschlossen. Herr Baum, Leiter der Konstruktionsabteilung, und Herr Bours, Leiter des Marketings, stellen den neuen Schreibtisch Deluxe im Rahmen einer PowerPoint-Präsentation vor. Die anwesenden Führungskräfte der BüroTec GmbH sind sehr angetan.

Herr Schmidt: Gratuliere, meine Herren, Sie und Ihre Mitarbeiter haben wirklich ganze Arbeit geleistet. Ich denke wir können sehr zufrieden sein. Unser neuer Schreibtisch Deluxe erfüllt alle Voraussetzungen, um auf dem Markt erfolgreich zu sein.

Herr Bours: Vielen Dank, Herr Schmidt, die von uns zum ersten Mal eingesetzten Kreativitätstechniken haben eine Menge guter Ideen hervorgebracht.

Frau Peters: Zweifellos, wie man am gelungenen Produkt sehen kann. Mir erscheinen allerdings auch andere Ideen vielversprechend. Vielleicht können wir sie zu einem späteren Zeitpunkt realisieren. Jetzt sollten wir uns aber auf die Vermarktung unseres neuen Schreibtisches konzentrieren.

Herr Schmidt: Ganz meine Meinung, Frau Peters. Wir müssen überlegen, zu welchem Preis wir unser neues Produkt am Markt anbieten wollen.

Frau Basso: Nun, ich habe schon die nötigen Schritte in die Wege geleitet. Mein Mitarbeiter Herr Hartwig hat alle anfallenden Kosten zusammengetragen und ist dabei, den Verkaufspreis zu kalkulieren. Morgen früh liegt das Ergebnis auf Ihrem Tisch.

Herr Bours: Einen Moment, bitte ...

Arbeitsaufträge:

Die BüroTec GmbH möchte mit dem neuen Schreibtisch an den Erfolg der früheren Modelle anknüpfen. Die Führungsriege weiß, dass oftmals der Preis über den Erfolg oder Misserfolg eines Produktes entscheidet. Aus diesem Grund möchte man bei der Festlegung des Verkaufspreises sämtliche Aspekte berücksichtigen.

1. Verschaffen Sie sich anhand der vorliegenden Informationen (Info 3) einen Überblick über die verschiedenen Möglichkeiten, Preise festzulegen. Halten Sie Ihre Erkenntnisse in der hierfür vorgesehenen Übersicht (Info 4) fest.

2. Ermitteln Sie nun anhand der anfallenden Kosten (Info 2) mithilfe des vorgegebenen Kalkulationsschemas (Info 1) den Listenverkaufspreis brutto.

Info 1: Kalkulationsschema

Kostenorientierte Preisfestsetzung

BüroTec GmbH Kalkulationsschema	Schreibtisch Deluxe	Bemerkungen (z.B. „vom Hundert" oder „im Hundert")
Fertigungsmaterial		
+ Materialgemeinkosten		
= **Materialkosten**		
Fertigungslöhne		
+ Fertigungsgemeinkosten		
= **Fertigungskosten I**		
Maschinenabhängige Fertigungsgemeinkosten		
+ Fertigungslöhne des Maschinenplatzes		
+ Restgemeinkosten (bezogen auf die Fertigungslöhne des Maschinenplatzes)		
= **Fertigungskosten II**		
Herstellkosten (Material- und Fertigungskosten I & II)		
+ Verwaltungs- und Vertriebsgemeinkosten		
= **Selbstkosten**		
+ Gewinnzuschlag		
= **Barverkaufspreis**		
+ Kundenskonto		
= **Zielverkaufspreis**		
+ Kundenrabatt		
= **Listenverkaufspreis (netto)**		
+ Umsatzsteuer		
= **Listenverkaufspreis (brutto)**		

Hinweis:

Sofern beim Verkauf Kosten entstehen, die sich unmittelbar dem Kostenträger zurechnen lassen, sind Sondereinzelkosten des Vertriebs (Transport- und Verpackungskosten sowie Vertreterprovision) zu berücksichtigen. Dies ist hier nicht der Fall. Auch Sondereinzelkosten der Fertigung sind nicht angefallen.

Info 2: Interne Mitteilung

BüroTec GmbH

Interne Mitteilung

Von: Frank Hey, Abtl. Rechnungswesen
An: Peter Hartwig, Abtl. Rechnungswesen

21.03.20..

Vorkalkulation Projekt Schreibtisch Deluxe, Projektnummer P-23486

Je Schreibtisch ist mit folgenden Kosten zu rechnen:

Fertigungsmaterial	Kosten je Stück
Arbeitsplatte	80,00 €
Schubladensystem	90,00 €
Kunststoffteile	40,00 €
Verbindungselemente	30,00 €
Seitengestelle	90,00 €
Füße	30,00 €

Sonstiges	%-Sätze
Gewinnzuschlag	20 %
Rabatt (ab 20 Stück)	10 %
Skonto (bei Zahlung innerhalb 14 Tage)	3 %

Gemeinkosten	Zuschlagssätze bzw. € je Stunde
Materialgemeinkosten	20 %
Fertigungsgemeinkosten	80 %
Restgemeinkosten	30 %
Verwaltungs- und Vertriebsgemeinkosten	20 %
Maschinenabhängige Gemeinkosten (Lackierautomat)	500,00 € je h; Vorgabezeit lt. Arbeitsplan 0,25 h

Fertigungslöhne gemäß Tarifvertrag vom 01.04.20..			
Lohngruppen	**Brutto-entgelt**	**Funktions-beschreibung**	**Benötigte Zeit gemäß Arbeitsplan**
Lohngruppe 1	12,00 € / h	Angelernte Tätigkeiten	1,0 h
Lohngruppe 2	14,00 € / h	Facharbeiter	1,0 h
Lohngruppe 3	16,00 € / h	Facharbeiter mit bes. Fachkenntnissen	1,5 h

Maschinenplatzabhängige Fertigungslöhne gemäß Tarifvertrag vom 01.04.20..			
Lohngruppen	**Bruttoentgelt**	**Funktions-beschreibung**	**Benötigte Zeit gemäß Arbeitsplan**
Lohngruppe 2	14,00 € / h	Facharbeiter	0,5 h

Mit freundlichen Grüßen

Frank Hey

Info 3: Auszug aus dem ABC des Marketings

P

ABC des Marketings

Preise festlegen

Kein anderes absatzpolitisches Instrument wirkt so direkt und unmittelbar wie die Preispolitik[1]. Sowohl Kunden als auch Wettbewerber reagieren höchst sensibel auf Preisänderungen.

Bei der Festlegung der Preise kann ein Unternehmen auf drei Verfahren zurückgreifen:

- kostenorientierte Preisfestlegung
- wettbewerbsorientierte Preisfestlegung
- nachfrageorientierte Preisfestlegung

Bei der **kostenorientierten Preisfestlegung** bestimmen die angefallenen Kosten den Preis. Außer den Kosten und dem geplanten Gewinn sind keine weiteren Informationen notwendig. Bei einem derartigen Vorgehen besteht jedoch die Gefahr, dass niemand bereit ist, das Produkt zu diesem Preis zu kaufen. Auf der anderen Seite könnte es sein, dass die Kunden das Produkt auch zu einem wesentlich höheren Preis kaufen würden. Trotz dieser Schwächen ist die kostenorientierte Preisfestlegung in der Praxis immer noch weit verbreitet.

Da auf den meisten Märkten eine Vielzahl gleichartiger Produkte angeboten wird, ist es sinnvoll, sich einen Überblick über die Leistungen und Preise der Wettbewerber zu verschaffen. Bei der **wettbewerbsorientierten Preisfestlegung** kann man verschiedene Strategien verfolgen.

Bei der Mittelpreisstrategie orientiert man sich an den Durchschnittspreisen der Wettbewerber. Hier besteht allerdings die Gefahr, dass die Kunden das Produkt als weder qualitativ hochwertig noch als besonders preisgünstig ansehen.

Bei der Premiumstrategie, als eine mögliche Variante der Hochpreisstrategien, liegt der Preis (weit) über dem Durchschnittspreis der Wettbewerber. Die Möglichkeit einer eigenständigen Preispolitik im Sinne einer Premiumstrategie ist jedoch meist nur dann möglich, wenn sich das Produkt in irgendeiner Weise von den Produkten der Wettbewerber abhebt. Wieso sollte der Kunde sonst bereit sein, einen höheren Preis zu akzeptieren? Eine weitere Hochpreisstrategie ist die Skimmingstrategie. Bei Einführung eines neuen Produktes wird ein relativ hoher Preis festgelegt, der jedoch anders als bei der Premiumstrategie im Laufe der Zeit nach und nach gesenkt wird. So können stufenweise große Käuferschichten erreicht werden. Die Skimmingstrategie findet insbesondere bei technischen Produktinnovationen Anwendung.

Bei den Niedrigpreisstrategien ist zwischen der Promotionsstrategie und der Penetrationsstrategie zu unterscheiden. Bei der Promotionsstrategie liegt der Preis (weit) unter dem Durchschnittspreis der Wettbewerber und wird auch im Laufe der Zeit nicht verändert. Hierbei ist dafür Sorge zu tragen, dass die Kunden die Produkte nicht als qualitativ minderwertig ansehen. Bei der Penetrationsstrategie sollen mithilfe relativ niedriger Preise viele Kunden gewonnen werden. Im Laufe der Zeit werden die Preise dann (moderat) angehoben. Ob die Kunden ein derartiges Vorgehen akzeptieren, ist jedoch fraglich und wird letztlich von der Attraktivität des Produktes abhängen.

Bei der **nachfrageorientierten Preisfestlegung** orientiert man sich an der Zahlungsbereitschaft der Kunden. Im Rahmen von Preistests, die von beauftragten Marktforschungsinstituten durchgeführt werden, versucht man herauszufinden, zu welchem Preis sich wie viele Produkte absetzen lassen. Im Anschluss daran kann dann unter Einbeziehung der Kosten berechnet werden, bei welchem Preis das Unternehmen den höchsten Gewinn erwirtschaftet. Um Aufschluss über den eigenen preispolitischen Spielraum zu bekommen, ist es für die Unternehmen sinnvoll, die Preiselastizität der Nachfrage abschätzen zu können. Hier wird ermittelt, wie sensibel die Nachfrager auf Preissenkungen oder Preiserhöhungen bei einem Produkt reagieren. Bei einer geringen Preiselastizität der Nachfrage reagieren die Nachfrager kaum auf Preisänderungen. Bei einer hohen Preiselastizität der Nachfrage ist es umgekehrt.

---

1 Die Preispolitik ist ein Baustein der Preis- und Konditionenpolitik. Die weiteren Bausteine Rabattpolitik, Lieferungs- und Zahlungsbedingungen sowie die Finanzierung und Kreditgewährung werden an dieser Stelle nicht näher erläutert.

Info 4: Übersicht „Preise festlegen“

Preise festlegen

______	______	______

Unter Berücksichtigung der angefallenen ______ sowie verschiedener ______ werden die ______ ermittelt.

→ ______
→ ______
 → ______
 → ______

Der Verkaufspreis ergibt sich, indem auf die Selbstkosten ein ______ aufgeschlagen wird.

→ ______
 → ______
 → ______

Im Rahmen von ______ versucht man herauszufinden, zu welchem ______ wie viele ______ verkauft werden können.

Lernsituation 07 	Preise kalkulieren (Teil 2)	Absatz- prozesse

Lernsituation (Fortsetzung):

Die Geschäftsführung der BüroTec GmbH ist sich darüber im Klaren, dass der Verkaufspreis nicht festgelegt werden kann, ohne die Wettbewerbssituation zu berücksichtigen. Aus diesem Grund bittet Herr Bours, Leiter des Marketings, seine Mitarbeiterin Frau Larisch, die Verkaufspreise der Wettbewerber zu ermitteln. Zusätzlich wurde für die BüroTec GmbH und ihre Wettbewerber eine Stärken-Schwächen-Analyse durchgeführt. Die Ergebnisse der Marktforschung liegen nun vor.

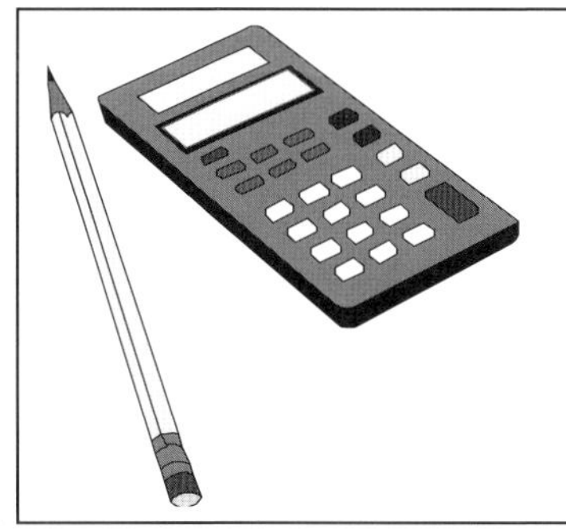

Arbeitsauftrag:

Unterbreiten Sie unter Berücksichtigung der internen Mitteilung (Info) einen **Vorschlag**, zu welchem Preis der Schreibtisch Deluxe aufgrund von wettbewerbsorientierten Überlegungen am Markt angeboten werden sollte.

Wettbewerbsorientierte Preisfestlegung

Schritt 1 →

Ø-Marktpreis	

Berechnungen

Schritt 2 →

Stärken-Schwächen-Analyse		
Wettbewerber	**Punktzahl**	**Rang**
Designermöbel AG		
König & Klever AG		
Fleischer KG		
Auermann OHG		
Pro Office AG		
BüroTec GmbH		

Schritt 3 →

Preisstrategie	

Schritt 4 →

Verkaufspreis	

6 Schmidthausen, Prause ISBN 978-3-8120-1023-8

Info: Interne Mitteilung

BüroTec GmbH

Interne Mitteilung

Von: Claudia Larisch, Abtl. Marketing
An: Holger Bours, Abtl. Marketing

27.03.20..

Wettbewerbsanalyse

I. Listenverkaufspreise (brutto) wichtiger Wettbewerber

Unternehmen	Listenverkaufspreis (brutto)
Designermöbel AG	1.200,00 €
König & Klever AG	1.300,00 €
Fleischer KG	1.150,00 €

Unternehmen	Listenverkaufspreis (brutto)
Auermann OHG	1.100,00 €
Pro Office AG	1.000,00 €
BüroTec GmbH	noch offen

II. Stärken-Schwächen-Analyse der Wettbewerber (Segment: gehobene Ansprüche)

Stärken-Schwächen-Analyse	Designermöbel AG						König & Klever AG						Fleischer KG					
	mittel			gut			mittel			gut			mittel			gut		
	1	2	3	4	5	6	1	2	3	4	5	6	1	2	3	4	5	6
Design					X							X					X	
Verarbeitungsqualität					X							X					X	
Image						X						X					X	
Beratung					X						X						X	

Stärken-Schwächen-Analyse	Auermann OHG						Pro Office AG						BüroTec GmbH					
	mittel			gut			mittel			gut			mittel			gut		
	1	2	3	4	5	6	1	2	3	4	5	6	1	2	3	4	5	6
Design				X						X							X	
Verarbeitungsqualität					X						X							X
Image					X						X							X
Beratung					X				X								X	

Mit freundlichen Grüßen

Claudia Larisch

Lernsituation 08	Preise kalkulieren (Teil 3)	Absatz-prozesse

Lernsituation (Fortsetzung):

Die BüroTec GmbH hat intensiv darüber nachgedacht, wie hoch der Verkaufspreis für den neuen Schreibtisch Deluxe aus kosten- und wettbewerbsorientierter Sicht sein sollte. Um zu einer noch fundierteren Entscheidung zu gelangen, hat die Geschäftsführung der BüroTec GmbH das Marktforschungsinstitut Berg KG damit beauftragt, einen Preistest durchzuführen. Potenzielle Kunden wurden anhand von Hochglanzbroschüren und einer Videosequenz befragt, wie viel Sie für den Schreibtisch Deluxe bezahlen würden. Die Ergebnisse liegen nun vor.

Arbeitsaufträge:

1. Zu welchem Bruttolistenverkaufspreis (LVP brutto) sollte der Schreibtisch Deluxe aufgrund von nachfrageorientierten Überlegungen am Markt angeboten werden? Nutzen Sie hierzu die Ergebnisse des Preistests, der von dem Marktforschungsinstitut durchgeführt wurde, welches die BüroTec GmbH beauftragt hatte (Info).

Nachfrageorientierte Preisfestsetzung

LVP brutto je Stück						
Absatz						
Umsatz						
Fixe Kosten						
Variable Kosten						
Gesamtkosten						
Gewinn						

Der Bruttolistenverkaufspreis, der den höchsten Gewinn verspricht, liegt bei:	

2. Sie haben sich intensiv mit den verschiedenen Möglichkeiten, Preise festzulegen, auseinandergesetzt. Unterbreiten Sie nun einen begründeten Vorschlag, zu welchem Preis der neue Schreibtisch letztlich am Markt angeboten werden soll.

kostenorientierter Verkaufspreis

wettbewerbs-orientierter Verkaufspreis

nachfrage-orientierter Verkaufspreis

Entscheidung	

Begründung

Info: Interne Mitteilung

BüroTec GmbH

Interne Mitteilung

Von: Claudia Larisch, Marketing
An: Holger Bours, Marketing

02.04.20..

I. Marktforschungsergebnisse

Unsere in Auftrag gegebene Untersuchung zum Produkt Schreibtisch Deluxe hat folgendes Ergebnis gebracht. Führungskräfte in ausgewählten Unternehmen wurden anhand von Hochglanzbroschüren und einer Videosequenz befragt, wie viel € sie für unseren Schreibtisch ausgeben würden. Der Hochrechnung zufolge ergeben sich folgende Werte:

LVP (brutto) je Stück in €	1.050,00	1.100,00	1.150,00	1.200,00	1.250,00	1.300,00
Absatz (Stück)	6.000	5.500	5.300	4.800	4.200	3.500

II. Kosten

Für den Schreibtisch sind 1.800.000,00 € fixe Kosten und 600,00 € variable Kosten je Stück zu veranschlagen.

Mit freundlichen Grüßen

Claudia Larisch

Lernsituation 09 	**Preise differenzieren**	**Absatz-prozesse**

Lernsituation:

Unmittelbar nach Ende der Orgatec, einer großen Büromöbelmesse in Köln, bei der auch die Bürotec GmbH mit ihren Produkten vertreten war, kommen Herr Gräff, Leiter der Verkaufsabteilung, Herr Bours, Leiter des Marketings, und Herr Mischke, kaufmännischer Leiter der BüroTec GmbH, zusammen, um die Messetage Revue passieren zu lassen.

Herr Mischke: Meine Herren, schön dass Sie wieder bei uns sind. Die Messetage waren sicherlich sehr anstrengend.

Herr Bours: Ja, durchaus, Herr Mischke, aber auch sehr erfolgreich.

Herr Gräff: Da kann ich nur zustimmen. Unsere neuen Produkte sind auf der Messe sehr gut angenommen worden.

Herr Bours: Insbesondere gab es viele interessante Gespräche mit Behördenvertretern. Nicht wenige Städte und Gemeinden beabsichtigen, ihre Ämter mit neuen Büromöbeln auszustatten. Ich glaube, da können wir mit einigen Aufträgen rechnen.

Herr Gräff: Da bin ich etwas skeptischer. Auch in der Vergangenheit haben wir mehrfach gute Gespräche geführt. Bestellt wurde dann aber doch woanders.

Herr Mischke: Woran kann das Ihrer Meinung nach liegen?

Herr Gräff: Die Haushaltslage ist i.d.R. derart angespannt, dass auf günstigere Anbieter zurückgegriffen wird.

Herr Bours: Nun, ich glaube, ich habe da eine Idee ...

Arbeitsaufträge:

1. Welche Idee schwebt Herrn Bours wohl vor? Wie lautet der Fachbegriff für eine derartige Maßnahme (Info 3)?
2. Analysieren Sie anhand der Absatzprognose, welche Auswirkung die geplante Preisdifferenzierung auf den Gewinn haben würde (Info 1).
3. Welche Möglichkeit der Preisdifferenzierungen haben die Unternehmen in den unter Info 2 aufgeführten Fällen gewählt?
4. Führen Sie weitere Möglichkeiten der Preisdifferenzierung an, die für einen Büromöbelhersteller wie die BüroTec GmbH sinnvoll erscheinen.

Info 1: Interne Mitteilung

BüroTec GmbH

Interne Mitteilung

Von: Frank Hey, Abtl. Rechnungswesen
An: Thorsten Gräff, Abtl. Verkauf

21.03.20..

Absatzprognose

1. Bei einem durchschnittlichen Verkaufspreis von 540,00 € je Stück für unsere Standardschreibtische gehen wir von einem Absatz von 12.000 Stück aus. Die variablen Kosten belaufen sich auf 200,00 € je Stück. Die fixen Kosten liegen bei 2.880.000,00 €.
2. Durch das Absenken des Verkaufspreises für Städte und Gemeinden von 540,00 € auf 460,00 € könnten zusätzlich 2.000 Stück abgesetzt werden. Da die zusätzliche Produktionsmenge mit dem vorhandenen Fertigungsmaschinen gefertigt werden könnte, sind für die fixen Kosten nach wie vor 2.880.000,00 € anzusetzen.

Mit freundlichen Grüßen

Frank Hey

Info 2: Fälle zur Preisdifferenzierung

Nr.	Fälle	Preisdifferenzierung
1	Ein deutsches Automobilunternehmen verkauft seine Modelle im europäischen Ausland günstiger als im Inland.	
2	Ein Zeitschriftenverlag bietet Studenten das Abonnement eines politischen Wochenmagazins günstiger an.	
3	Bei einem Telekommunikationsunternehmen ist der Nachttarif günstiger als der Tagtarif.	
4	Ein Unternehmen gewährt bei Abnahme von zehn Drehmaschinen vom Typ DM 563 einen Rabatt von 10 %.	
5	Ein Buchverlag bietet einen Bestsellerroman sowohl im Hardcover- als auch im Taschenbuchformat an.	
6	Die Preise eines 5-Sterne-Hotels in Südtirol sind in der Nebensaison günstiger als in der Hauptsaison.	
7	Ein Kunde erhält bei einem Elektronikkonzern aufgrund der großen Auftragsmenge einen Preisnachlass.	
8	Am Montag und am Dienstag sind die Kinoeintrittskarten günstiger als an den anderen Wochentagen.	
9	Speisesalz für Endverbraucher wird zu höheren Preisen verkauft als Industriesalz für die verarbeitende Industrie.	
10	Ein Bundesligaverein bietet die Tickets für Rentner günstiger an als für die übrigen Besucher.	
11	Lebensmittel sind im Großraum München teurer als in anderen Regionen Deutschlands.	
12	Bei der deutschen Bahn kann man auf vielen Strecken zwischen 1. und 2. Klasse wählen.	
13	Stammkunden erhalten bei einem Schraubenhersteller am Ende des Jahres einen Treuerabatt.	

Info 3: Auszug aus dem ABC der Marketings

P

ABC des Marketings

Preisdifferenzierung

Werden gleiche oder ähnliche Produkte zu unterschiedlichen Preisen an verschiedene Käufergruppen verkauft, spricht man von Preisdifferenzierung. Dies ist möglich, da jede Käufergruppe persönliche Vorstellungen darüber hat, was ein Produkt kosten darf.

Diese Vorstellungen sind nicht nur regional unterschiedlich, sondern sind beispielsweise auch vom zur Verfügung stehenden Einkommen oder dem Verwendungszweck abhängig.

Preisdifferenzierungen versetzen Unternehmen in die Lage, das Marktpotenzial besser ausschöpfen zu können.

Zudem kann eine gleichmäßigere Kapazitätsauslastung erreicht werden. In der Praxis sind folgende Varianten anzutreffen:

- räumliche Preisdifferenzierung
- personelle (zielgruppenorientierte) Preisdifferenzierung
- zeitliche Preisdifferenzierung
- mengenmäßige Preisdifferenzierung
- verwendungsmäßige Preisdifferenzierung
- produktbezogene Preisdifferenzierung

Bei der räumlichen Preisdifferenzierung werden in verschiedenen Regionen für das gleiche Produkt unterschiedliche Preise verlangt.

Im Rahmen der personellen (zielgruppenorientierten) Preisdifferenzierung werden bestimmten Käufergruppen Sonderpreise eingeräumt.

Bei der zeitlichen Preisdifferenzierung werden gleiche Produkte zu verschiedenen Zeiten zu unterschiedlichen Preisen angeboten.

Die mengenmäßige Preisdifferenzierung entspricht der Rabattgewährung.

Die verwendungsmäßige Preisdifferenzierung ist dadurch gekennzeichnet, dass je nach Einsatz des Produktes unterschiedliche Preise verlangt werden.

Bei der produktbezogenen Preisdifferenzierung werden sehr ähnliche Produktvarianten zu unterschiedlichen Preisen angeboten.

Lernsituation 10 	**Die Preiselastizität der Nachfrage ermitteln**	**Absatz-prozesse**

Lernsituation:

In der 20. Kalenderwoche 20.. bittet Herr Mischke, kaufmännischer Leiter der BüroTec GmbH, den Einkaufsleiter Herrn Weber in sein Büro, um sich über die aktuelle Situation auf dem Beschaffungsmarkt zu informieren. Anwesend sind auch Herr Gräff, Leiter der Verkaufsabteilung und Herr Bours, zuständig für das Marketing im Hause BüroTec.

Herr Mischke: Herr Weber, wie Sie schon am Telefon angedeutet haben, kommen in den nächsten Wochen Probleme auf uns zu.

Herr Weber: In der Tat, Herr Mischke, aufgrund der hohen Nachfrage sind die Holzpreise förmlich explodiert. Wir müssen ab nächsten Monat mit 20 % höheren Materialkosten rechnen. Und daran wird sich kurz- und mittelfristig auch nichts ändern.

Herr Gräff: Da wird uns nichts anderes übrig bleiben, als die Verkaufspreise anzuheben, schließlich brauchen wir nächstes Jahr einen sechsstelligen Betrag, um die dringend nötigen Investitionen vornehmen zu können. Was meinen Sie, Herr Bours?

Herr Bours: Was die Investitionen angeht, haben Sie natürlich Recht, Herr Gräff, aber ob unsere Kunden Preiserhöhungen so einfach akzeptieren, weiß ich nicht.

Herr Weber: Nun, vor einigen Tagen hatte ich den Geschäftsbericht eines großen Pharmakonzerns in den Händen. Trotz deutlicher Preiserhöhungen ist der Absatz nach wie vor hoch.

Herr Bours: Das glaube ich Ihnen gerne, Herr Weber. Aber neben anderen Faktoren ist das sicherlich in erster Linie auf die speziellen Produkte zurückzuführen, die dort verkauft werden.

Herr Weber und Herr Mischke runzeln die Stirn.

Herr Mischke: Wie meinen Sie das, Herr Bours?

Arbeitsaufträge:

1. Warum ist Herr Bours skeptisch, was die Idee von Herrn Weber angeht?

2. Die BüroTec GmbH möchte herausfinden, welcher preispolitische Spielraum bei den angebotenen Büroschränken besteht. Zu diesem Zweck wurde das Marktforschungsinstitut Breder GmbH beauftragt, einen Preistest durchzuführen. Die Ergebnisse liegen nun vor.

2.1 Ermitteln Sie anhand der Marktforschungsergebnisse (Info 2), wie sich Preiserhöhungen, immer bezogen auf den Basispreis (BP), auf die Nachfrage auswirken, und ermitteln Sie mithilfe von Info 1 die jeweiligen Elastizitätskoeffizienten $|E_N|$. Nutzen Sie hierzu die zur Verfügung stehende Tabelle.

Büroschrank Standard					
Situation	**Preis in €**	**Absatz in St.**	**Preisänderung in %**	**Mengenänderung in %**	**$\|E_N\|$**
1	500,00 (BP)	6.000	------------	------------	-----
2					
3					
4					
5					

Büroschrank Deluxe					
Situation	**Preis in €**	**Absatz in St.**	**Preisänderung in %**	**Mengenänderung in %**	**$\|E_N\|$**
1	900,00 (BP)	3.200	------------	------------	----
2					
3					
4					
5					

2.2 Wie beurteilen Sie den preispolitischen Spielraum für die beiden Produktgruppen Standard und Deluxe?

Büroschrank Standard ⇨

Büroschrank Deluxe ⇨

7 Schmidthausen, Prause ISBN 978-3-8120-1023-8

Weitere Aufgaben:

Aufgabe A:

Um welche Art der Nachfrage handelt es sich bei folgenden Abbildungen?

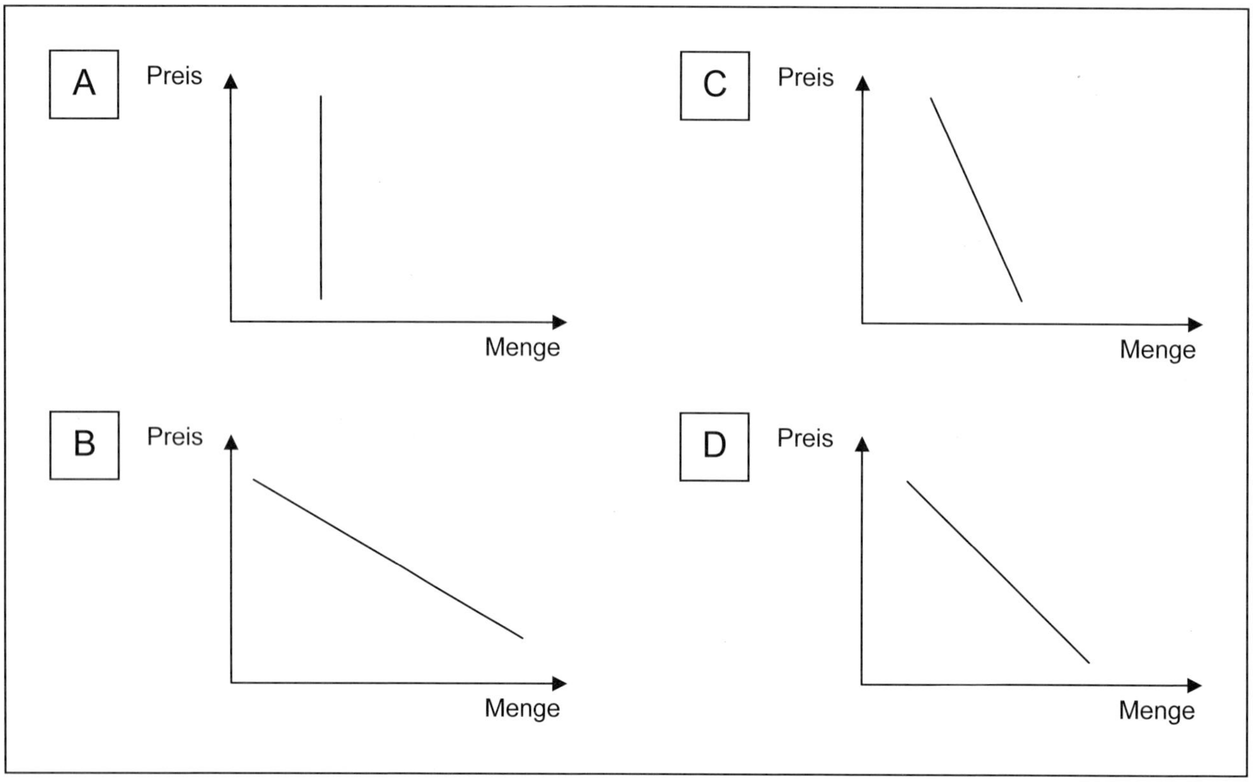

Nr.	Art der Nachfrage	$\lvert E_N \rvert$
A		
B		

Nr.	Art der Nachfrage	$\lvert E_N \rvert$
C		
D		

Aufgabe B:

Worum handelt es sich in den folgenden Fällen?

1 = elastische Nachfrage
2 = proportional elastische (isoelastische) Nachfrage
3 = unelastische Nachfrage
4 = völlig unelastische Nachfrage

Trotz umfangreicher Preissenkungen bleibt die nachgefragte Menge gleich.	
Bei stark sinkenden Zinsen werden überproportional mehr Konsumkredite aufgenommen.	
Trotz steigender Benzinpreise geht die Nachfrage nur geringfügig zurück.	
Bei fallenden Aktienkursen nimmt die Nachfrage nach Aktien enorm zu.	
Bei steigenden Personalkosten in Höhe von 10 % trennt sich ein Unternehmen von 10 % seiner Mitarbeiter.	

Aufgabe C:

Nehmen Sie an, bei den unten aufgeführten Gütern kommt es zu Preissteigerungen. Um welche Art von Nachfrage handelt es sich?

1 = elastische Nachfrage
2 = unelastische Nachfrage
3 = völlig unelastische Nachfrage

Restaurantbesuche	
Suchtgüter (z.B. abhängig machende Medikamente)	
Kunstgegenstände (z.B. wertvolle Gemälde)	
Lebensnotwendige Güter (z.B. Insulin)	
Lifestyleartikel (z.B. Apple Watch)	
Unterhaltungselektronik	

Aufgabe D:

Worum handelt es sich in den folgenden Fällen?

1 = $|E_N| = 0$
2 = $|E_N| > 1$
3 = $|E_N| < 1$

Eine geringe Preissenkung führt zu einer starken Absatzsteigerung.	
Eine Preissenkung hat keinen Einfluss auf die Höhe der abgesetzten Menge.	
Eine geringfügige Preisänderung bewirkt eine enorme Steigerung des Umsatzes.	
Eine Preisänderung bewirkt keine Änderung der nachgefragten Menge.	
Eine starke Preissenkung führt zu einer geringen Steigerung der Umsatzerlöse.	

Aufgabe E:

Handelt es sich in folgenden Fällen um richtige (1) oder falsche Aussagen (9)?

Je unelastischer die Nachfrage, umso höher der preispolitische Spielraum des Anbieters.	
Bei einer elastischen Nachfrage ist der preispolitische Spielraum des Anbieters beschränkt.	
Steigen die Preise der Komplementärgüter und geht daraufhin die Nachfrage nach dem eigenen Produkt überproportional zurück, ist die Kreuzpreiselastizität < 1.	
Sinken die Preise der Substitutionsgüter und geht daraufhin die Nachfrage nach dem eigenen Produkt überproportional zurück, ist die die Kreuzpreiselastizität > 1.	
Sind Preissteigerungen mit bedeutenden Qualitätsverbesserungen verbunden, werden die Nachfrager weniger elastisch reagieren.	

Info 1: Auszug aus dem ABC des Marketings

P

ABC des Marketings

Preiselastizität

Je höher der Preis, desto niedriger wird normalerweise die Nachfrage nach diesem Produkt sein. Umgekehrt sind bei sinkenden Preisen mehr Nachfrager bereit, das Produkt zu kaufen. Wie stark die Nachfrager auf Preisänderungen reagieren, ist bei jedem Produkt unterschiedlich.

Die Stärke, mit der die Nachfrager auf Preisänderungen reagieren, wird als Preiselastizität der Nachfrage bezeichnet. Die Preiselastizität der Nachfrage wird berechnet, indem man die Preisänderung und die Nachfrageänderung zueinander in Beziehung setzt:

Preiselastizität der Nachfrage (E_N)		
	Variante 1:	$\frac{\text{Mengenänderung in \%}}{\text{Preisänderung in \%}}$
	Variante 2:	$\frac{\text{Mengenänderung}}{\text{Ausgangsmenge}} : \frac{\text{Preisänderung}}{\text{Ausgangspreis}}$

Beispiel: Ein Unternehmen setzt den Preis für ein Produkt von 10,00 € auf 12,00 € herauf. Folge: Der Absatz geht von 2.400 Stück auf 2.000 Stück zurück.

Variante 1:

Preiselastizität der Nachfrage (E_N)	$\frac{-16{,}67\ \%}{+20\ \%} = -0{,}83 = \lvert 0{,}83 \rvert$

Variante 2:

Preiselastizität der Nachfrage (E_N)	$\frac{-400}{2400} : \frac{2}{10} = \frac{-400}{2400} * \frac{10}{2} = \frac{-4000}{4800} = -0{,}83 = \lvert 0{,}83 \rvert$

Bei der Ermittlung der Elastizität ist zu beachten, dass das rechnerische Ergebnis ein negatives Vorzeichen hat, da eine der beiden Änderungen negativ ist. Um auf das negative Vorzeichen verzichten zu können, wird die Elastizität häufig nur betragsmäßig festgehalten. $|E_N|$ ist im obigen Beispiel also 0,83.

Bei $|E_N| = 1$ entspricht die relative Mengenänderung der relativen Preisänderung. Zuwachs und Rückgang halten sich die Waage. Man spricht in diesem Fall von der proportional elastischen oder auch isoelastischen Nachfrage. Dieser Fall ist in der Praxis eher selten anzutreffen.

Bei $|E_N| > 1$ ist die relative Mengenänderung größer als die relative Preisänderung. Die Nachfrager reagieren überproportional auf die Preisänderung. Die Nachfrage ist elastisch.

Bei $|E_N| < 1$ ist die relative Mengenänderung geringer als die relative Preisänderung. Die Nachfrager reagieren unterproportional auf die Preisänderung. Die Nachfrage ist unelastisch. Bei $|E_N| = 0$ spricht man von einer völlig unelastischen oder auch starren Nachfrage. Preisänderungen haben keinen Einfluss auf die nachgefragte Menge.

Die Kreuzpreiselastizität der Nachfrage gibt an, wie sich Preisänderungen von Substitutions- oder Komplementärgütern (Produkt B) auf die Nachfrage des eigenen Produktes (Produkt A) auswirken. Die Kreuzpreiselastizität der Nachfrage wird mithilfe folgender Formel berechnet:

Kreuzpreiselastizität der Nachfrage $E(A,B)_N$	$\frac{\text{Mengenänderung Produkt A in \%}}{\text{Preisänderung Produkt B in \%}}$

Info 2: Interne Mitteilung

BüroTec GmbH

Interne Mitteilung

Von: Frank Hey, Abtl. Rechnungswesen
An: Peter Hartwig, Abtl. Rechnungswesen

21.05.20..

Absatzprognose

Der aktuelle Preis für den Büroschrank Standard liegt bei 500,00 €, der aktuelle Preis für den Büroschrank Deluxe liegt bei 900,00 €. Beide Preise sind als Basispreise für die Berechnung der Elastizität zu sehen.

Büroschrank Standard		
Situation	**Preis in €**	**Absatz in St.**
1	500,00	6.000
2	550,00	5.200
3	600,00	4.300
4	625,00	3.900
5	650,00	3.400

Büroschrank Deluxe		
Situation	**Preis in €**	**Absatz in St.**
1	900,00	3.200
2	990,00	3.000
3	1.100,00	2.700
4	1.200,00	2.000
5	1.300,00	1.300

Mit freundlichen Grüßen

Frank Hey

Lernsituation 11 	**Werbemedien auswählen**	**Absatz-prozesse**

Lernsituation:

Nach intensiven Überlegungen entschließt sich die Führungsriege der BüroTec GmbH zum ersten Mal dazu, die Gestaltung der Einführungswerbekampagne für den neuen Schreibtisch „Deluxe" in die Hände einer renommierten Werbeagentur zu legen. Nachdem verschiedene Werbeagenturen miteinander verglichen wurden, entscheidet man sich letztlich für die BBDO, eine erfolgreiche Werbeagentur aus Düsseldorf. Herr Bours vereinbart für sich und Herrn Schmidt einen Termin mit Frau Lange, der zuständigen Mitarbeiterin bei der BBDO. Am Montag, den 02.03.20.., um 10:00 Uhr treffen Herr Bours und Herr Schmidt bei der BBDO in Düsseldorf ein und werden von Frau Lange in Empfang genommen.

Frau Lange: Meine Herren, ich darf Sie im Hause BBDO willkommen heißen und hoffe auf eine gute Zusammenarbeit. Schildern Sie mir doch zunächst einmal die Situation, in der sich Ihr Unternehmen befindet.

Herr Schmidt: Nun, Frau Lange. Wir sind seit mehreren Jahren auf dem Markt für Büromöbel tätig und behaupten uns dort relativ erfolgreich gegen unsere Wettbewerber. Allerdings sind wir in letzter Zeit ein wenig ins Hintertreffen geraten.

Herr Bours: Das kann man wohl sagen. Einige Produkte sind veraltet und stehen kurz vor der Herausnahme aus der Produktpalette.

Herr Schmidt: Aus diesem Grund haben wir uns entschlossen, einen neuen Schreibtisch auf den Markt zu bringen.

Frau Lange: Wenn ich Sie recht verstehe, sollen wir für Sie eine Werbekampagne planen, die Ihr neues Produkt auf dem Markt einführt.

Herr Bours: Das ist richtig. Unsere Marktanalyse hat ergeben, dass sich das Marktsegment „Schreibtische für gehobene Ansprüche" durch beträchtliche Wachstumsraten auszeichnet. Wir sind davon überzeugt, dass unser neues Produkt alles mitbringt, um erfolgreich zu sein. Es verbindet Funktionalität und Qualität mit einem außergewöhnlichen Design.

Frau Lange: Da Sie, wie ich weiß, Ihre Produkte fast ausschließlich an gewerbliche Abnehmer verkaufen, ist die Zielgruppe unserer Werbekampagne schon relativ klar umrissen. Zu welchem Zeitpunkt wollen sie Ihr Produkt denn auf dem Markt einführen?

Herr Schmidt: Der Schreibtisch geht Anfang Februar in Produktion und kann Anfang April ausgeliefert werden. Deshalb haben wir daran gedacht, die Werbekampagne von Anfang April bis Ende April durchzuführen.

Frau Lange: Werden Ihre Produkte in ganz Deutschland vertrieben?

Herr Bours: Ja, Frau Lange. Deshalb sollte die Werbekampagne potenzielle Käufer in ganz Deutschland erreichen.

Frau Lange: Ein wichtiger Punkt, der noch zu klären ist, ist die Höhe des Werbeetats, der uns zur Verfügung steht.

Herr Schmidt: Nun, wir haben an einen Werbeetat von 100.000,00 € gedacht. Wobei Abweichungen von +/– 10% im Rahmen des Möglichen liegen. Ihr Honorar wird gesondert verrechnet.

Frau Lange: Meine Herren, ich denke, damit hätten wir zunächst einmal alle benötigten Informationen beisammen. Ich schlage vor, meine Mitarbeiter und ich beschäftigen uns nun mit der Auswahl der Medien, mit denen wir für Ihr Produkt werben wollen.

Arbeitsaufträge:

1. Arbeiten Sie aus dem Einstiegsdialog diejenigen Aspekte der Werbeplanung heraus, die schon geklärt sind.

Planung einer Werbekampagne (Werbeplan)

Werbeobjekt	
Werbeziel	
Werbebotschaft	
Zielgruppe	
Streuzeit	
Streugebiet	
Werbeetat (Werbebudget)	
Medienauswahl (Mediaplan)	siehe Arbeitsauftrag 2

2. Treffen Sie nun für die BüroTec GmbH eine sinnvolle Medienauswahl (Mediaplan, Info 5) auf der Grundlage des zur Verfügung stehenden Werbeetats und der Infos 1 bis 4. Berücksichtigen Sie, dass die Umsatzsteuer ein durchlaufender Posten ist und daher bei der Kostenkalkulation nicht zu berücksichtigen ist. Begründen Sie Ihre Entscheidung.

   Beachten Sie hierbei folgende Vorgehensweise:

   2.1 Prüfen Sie, welche Medien überhaupt infrage kommen.
   2.2 Wählen Sie im Rahmen einer Mediengattung die Medien aus, die Ihnen am zweckmäßigsten erscheinen.

3. Bei der Auswahl von Werbemedien ist häufig von der Kontakthäufigkeit und der Kontaktqualität die Rede. Was könnte hiermit gemeint sein?

4. Führen Sie die wesentlichen Kriterien an, die bei der Auswahl der Werbemedien eine Rolle spielen.

5. Versucht man die potenziellen Kunden per Werbebrief zum Kauf der Produkte zu bewegen, empfehlen Fachleute i.d.R. eine Nachfassaktion. Erläutern Sie Vor- und Nachteile einer solchen Vorgehensweise.

6. Die durchgeführte Medienauswahl für den neuen Schreibtisch der BüroTec GmbH bezog sich auf ein Investitionsgut. Welche Medien eignen sich aus Ihrer Sicht hingegen eher für in sehr großen Mengen produzierte Konsumgüter?

7. Um den Umsatz der vor einigen Jahren erfolgreich auf dem Markt eingeführen Bürostühle weiter zu steigern, hat sich die BüroTec GmbH im Dezember dazu entschieden, im kommenden Jahr eine groß angelegte Werbekampagne durchzuführen (Expansionswerbung). Im Laufe des Jahres werden entsprechende Anzeigen in Fachzeitschriften geschaltet. Ende des Jahres liefert die Controlling-Abteilung folgende Zahlen:

Zahlen aus dem Controlling	**Bürostühle**	
	Absatz	**Verkaufspreis je Stück**
Geschäftsjahr 01	145.000 Stück	820,00 €
Geschäftsjahr 02	150.000 Stück	830,00 €

Die Kosten der Werbekampagne betrugen insgesamt 820.000,00 €.

7.1 Beurteilen Sie den ökonomischen Erfolg der Werbekampagne.

7.2 Warum ist Kontrolle des Werbeerfolgs in der Praxis schwierig?

8. Worum handelt es sich in den folgenden Fällen?

1 = Einzelwerbung (Alleinwerbung)
2 = Sammelwerbung
3 = Verbundwerbung
3 = Gemeinschaftswerbung

Der Milchindustrieverband e.V. mit Sitz in Berlin startet eine bundesweite Werbekampagne „Milch – von Natur aus wertvoll!“, um die Verbraucher zu einem höheren Milchkonsum zu motivieren.	
Die BüroTec GmbH startet im August 20.. eine groß angelegte Werbekampagne unter dem Motto „ergonomisches Arbeiten“, um ihren Marktanteil in der Büromöbelbranche zu festigen.	
Der PC-Hersteller ASUS startet in den USA zusammen mit dem Druckerhersteller Canon eine aufwendige Werbekampagne. Beide Unternehmen erhoffen sich eine 10 %-ige Umsatzsteigerung.	
Der Sauerland-Tourismus e.V. bietet auf der vereinseigenen Website eine Broschüre zum Download an, in der familenfreundliche Hotels aus der Region verzeichnet sind.	

Erläuterungen:

- Die **Alleinwerbung** wird von einem einzelnen Unternehmen durchgeführt. Die Werbekampagne kann von der eigenen Werbeabteilung oder einer Werbeagentur organisiert werden.
- **Sammelwerbung** liegt vor, wenn mehrere Unternehmen gemeinsam eine Werbekampagne starten. Hierbei werden die Beteiligten namentlich genannt.
- Die **Verbundwerbung** ist eine Sonderform der Sammelwerbung. Mehrere Unternehmen, deren Produkte sich ergänzen, werben gemeinsam unter Nennung ihres Namens.
- Von **Gemeinschaftswerbung** ist dann die Rede, wenn ein ganzer Wirtschaftszweig die Werbekampagne durchführt. Hierbei werden die Beteiligten namentlich nicht genannt.

Info 1: Angebot Centrum Media Group AG

Centrum Media Group AG ◆ Völklinger Str. 47 ◆ 40221 Düsseldorf

Professionelle Vermittlung und Umsetzung werbetechnischer Lösungen

BBDO GmbH
Schadowstraße 22
40221 Düsseldorf

Ihr Zeichen, Ihre Nachricht vom	Unser Zeichen, unsere Nachricht vom	Telefon, Name 0211 5076-	Datum
la, 03.03.20..	bra	45, Jan Braun	06.03.20..

Angebot Printmedien

Sehr geehrte Frau Lange,

wir danken für Ihre Anfrage und bieten wie folgt an:

Ausgewählte Titel	Erscheinungs-häufigkeit	Auflage / Reichweite (ET = Entscheidungsträger)	Preis je Anzeige
Der Spiegel	1 x pro Woche	1.200.000 davon 400.000 ET	20.000,00 €
Stern	1 x pro Woche	1.200.000 davon 200.000 ET	22.000,00 €
FAZ	täglich	400.000 davon 100.000 ET	10.000,00 €
Wirtschaftswoche	1 x pro Woche	250.000 davon 200.000 ET	12.000,00 €
manager magazin	1 x im Monat	220.000 davon 150.000 ET	12.000,00 €

Mit Entscheidungsträgern sind diejenigen Personen in Unternehmen gemeint, die über zukünftige Investitionen zu entscheiden haben (Vorstandsmitglieder, Geschäftsführer, Prokuristen etc.).

Die Produktionskosten einer Anzeige in Printmedien (Gestaltung und Herstellung) belaufen sich auf einmalig 5.000,00 €.

Alle Preise verstehen sich zuzüglich der gültigen Umsatzsteuer von derzeit 19 %. Die Zahlungen sind innerhalb von 30 Tagen zu leisten. Es gelten unsere allgemeinen Geschäftsbedingungen.

Mit freundlichen Grüßen

Centrum Media Group AG

i.A. Jan Braun

Jan Braun

Geschäftsführer:
Pascal Meier
Bernd Schlage
Sitz der Gesellschaft:
Düsseldorf

Handelsregister:
Amtsgericht Düsseldorf
HRB 593-0205

Kommunikation:
Telefon: 0211 5076-0
Telefax: 0211 5077
E-Mail: mail@centrum.de
http://www.centrum.de

Bankverbindungen:
Postbank Düsseldorf
BIC: DUSSDEDDXXX
IBAN: DE88300501100694739208

Finanzamt Düsseldorf
Steuernummer:
022/120/0123
USt-Id-Nummer:
DE 623454781

8 Schmidthausen, Prause ISBN 978-3-8120-1023-8

Info 2: Angebot Transletter GmbH

Transletter GmbH
Erfolg garantiert

Tansletter GmbH • Littenstraße 12 • 10715 Berlin

BBDO GmbH
Schadowstraße 22
40221 Düsseldorf

Ihr Zeichen:la
Ihre Nachricht vom: 03.03.20..
Unser Zeichen: pau
Kunden-Nr.: 746 93

Name: Pauly
Telefon: 030 379-75
E-Mail: Peter.Pauly@translettergmbh.de

Datum: 06.03.20..

Angebot Werbebriefe

Sehr geehrte Frau Lange,

bezüglich Ihrer Anfrage bieten wir Ihnen heute an:

Gestaltung Werbebrief: Flyer (DIN A5, farbig) & Anschreiben,
einmalig 500,00 €

Druck Werbebriefe (siehe oben):
pro 1.000 Stück: 800,00 €

Handling (Werbebriefe eintüten, Briefumschlag mit Adresse beschriften und frankieren):
pro 1.000 Stück: 1.200,00 €

Alle Preise verstehen sich zuzüglich der gültigen Umsatzsteuer von derzeit 19 %. Die Zahlungen sind innerhalb von 30 Tagen zu leisten. Es gelten unsere allgemeinen Geschäftsbedingungen.

Wir bedanken uns schon jetzt für Ihr Vertrauen und freuen uns auf eine enge Zusammenarbeit.

Mit freundlichen Grüßen

Transletter GmbH

i. A. *Peter Pauly*

Peter Pauly

Geschäftsführer:
Klara Lahnstein
Sitz der Gesellschaft:
Berlin

Handelsregister:
Amtsgericht Berlin
HRB 3326

Kommunikation:
Telefon: 030 379-0
Telefax: 030 379-1
E-Mail: info@translettergmbh.de
http://www.translettergmbh.de

Bankverbindungen:
Deutsche Bank Berlin
IBAN: DE89100700000100110300
BIC: DEUTDEBBXXX

Finanzamt Berlin
Steuernummer:
348/863/2455
USt-Id-Nummer:
DE5712445932

Info 3: Telefonnotiz

BBDO

Telefonnotiz

von: Paula Berger | Gesprächspartner: Herr Golke | Datum: 07.03.20..
Abteilung: Medien | Firma: Meviko GmbH | Uhrzeit: 09:30

Betreff: Angebot über Sonstige Werbemedien (Nettopreise)

Werbemedien (Werbeträger)	Reichweite	Produktionskosten	Nutzungskosten der Werbemedien
Fernsehwerbung (z.B. RTL)	2,5 Mio. Zuschauer	TV-Spot: 60.000,00 €	50.000,00 € je gesendetem Spot
Rundfunkwerbung z.B. WDR 2	600.000 Hörer	Rundfunk-Spot: 2.500,00 €	2.000,00 € je gesendetem Spot
Kinowerbung z.B. Cinemaxx Verband	je nach Anzahl	Kino-Spot:* 3.000,00 €	500,00 € je 10.000 Zuschauer
Plakatwerbung	je nach Standort	30,00 € je Plakat	150,00 € pro Woche je Plakatwand
Prospektbeilagen (farbig) in Zeitschriften bzw. Zeitungen	je nach Anzahl	3,00 € je Prospekt	2.000,00 € je 1.000 Prospektbeilagen

* Die Produktionskosten (Gestaltung und Herstellung) eines Spots fallen einmalig an. Mit Kinospots sind Fotos, gesprochener Text und musikalische Untermalung gemeint. Alle Preise verstehen sich zuzüglich 19 % Umsatzsteuer.

Info 4: Interne Mitteilung

BBDO

Interne Mitteilung

an: Frau Lange

von: Kim Peske
Abteilung: Medien
Datum: 06.03.20..
Zeichen: pe

Kostenüberblick der Messen/Ausstellungen in Deutschland 20..

Die Produktionskosten (Planung, Transport, Bewirtung, Personal, Prospekte etc.) belaufen sich auf insgesamt 4.000,00 € je Messe. Zeitdauer der Messen: jeweils 5 Tage. Die Standmiete beinhaltet einen 60 m² großen Messestand inkl. Beleuchtung, Teppiche, Theke, Bestuhlung und Tische und gilt für die gesamte Messezeit. Alle Preise verstehen sich zuzüglich 19 % Umsatzsteuer.

1. Orgatec in Köln
   Termin: 01.– 05. April
   ca. 60.000 Besucher
   Standmiete: 16.000,00 €
2. Das moderne Büro in Stuttgart
   Termin: 01.– 05. November
   ca. 50.000 Besucher
   Standmiete: 18.000,00 €
3. Alles fürs Büro in Leipzig
   Termin: 14.– 18. April
   ca. 60.000 Besucher
   Standmiete: 14.000,00 €
4. Das natürliche Büro in Karlsruhe
   Termin: 04.– 07. Oktober
   ca. 55.000 Besucher
   Standmiete: 16.000,00 €

Info 5: Auswertungsformular (Mediaplan)

BBDO

Mediaplan für BüroTec GmbH

Werbeetat	

Medien	Qualifizierte Reichweite [1]	Produktions-kosten	Nutzungs-kosten	Gesamt-kosten
Gesamt				

Wurde der Werbeetat eingehalten? (ja/nein)	

[1] Zahl der Personen, die der Zielgruppe entsprechen

Lernsituation 12 	**Den Verkauf fördern (Salespromotion)**	**Absatz-prozesse**

Lernsituation:

Die BüroTec GmbH hatte die BBDO, eine große Werbeagentur in Düsseldorf, beauftragt, eine Werbekampagne für den neuen Schreibtisch Deluxe zu entwerfen. Heute wurde das Ergebnis der Geschäftsführung sowie dem Marketingleiter der BüroTec GmbH, Herrn Bours, im Rahmen einer Präsentation vorgestellt. Nach der Präsentation sitzen Herr Schmidt, Frau Peters und Herr Bours zusammen, um das Ergebnis zu besprechen.

Herr Schmidt: Frau Peters, ich glaube die Werbekampagne wird ein voller Erfolg. Wir haben gut daran getan, die Angelegenheit in die Hände dieser renommierten Werbeagentur zu legen.

Frau Peters: Das sehe ich genauso. Ich hoffe, die Verkaufszahlen bestätigen unseren guten Eindruck. Herr Bours, was meinen Sie als Fachmann dazu?

Herr Bours: Auch ich kann nur zustimmen. Allerdings gebe ich zu bedenken, dass wir nicht die Einzigen sind, die ihre Produkte aufwendig bewerben. Wenn ich da an die aktuelle Werbekampagne unseres Konkurrenten Pro Office denke ... hervorragende Arbeit, wenn Sie mich fragen.

Herr Schmidt: Schön und gut, aber welche Schlussfolgerungen ziehen Sie daraus, Herr Bours?

Herr Bours: Ich glaube, wir müssen noch mehr tun.

Frau Peters: Sie meinen, wir sollten noch mehr werben?

Herr Bours: Nein, meines Erachtens sollten wir versuchen, durch einige zeitlich begrenzte Aktionen den Verkauf unserer Produkte anzukurbeln.

Herr Schmidt: Herr Bours, haben Sie da schon etwas Bestimmtes im Sinn?

Herr Bours: Aber sicher ...

Arbeitsaufträge:

1. Welche Aktionen/Maßnahmen könnte die BüroTec GmbH neben der Werbung durchführen, um den Verkauf ihrer Produkte zu fördern? Bedenken Sie, dass die BüroTec GmbH ihre Produkte direkt an ihre Kunden verkauft, ohne den Handel zwischenzuschalten.

Aktionen/ Maßnahmen

1	
2	
3	
4	
5	

2. Erstellen Sie mithilfe von Info 2 und der vorgegebenen Struktur (Info 3) eine Übersicht zum Thema Verkaufsförderung (Salespromotion).

3. Um welche Art Verkaufsförderung handelt es sich in den 5 Fallbeispielen (Info 1)? Beachten Sie, dass in jedem der beschriebenen Fälle mehr als nur eine Art der Verkaufsförderung dargestellt sein kann.

Fälle	Art		Maßnahmen
Fall A	Verkäuferpromotion	☐	
	Handelspromotion	☐	
	Verbraucherpromotion	☐	
Fall B	Verkäuferpromotion	☐	
	Handelspromotion	☐	
	Verbraucherpromotion	☐	
Fall C	Verkäuferpromotion	☐	
	Handelspromotion	☐	
	Verbraucherpromotion	☐	
Fall D	Verkäuferpromotion	☐	
	Handelspromotion	☐	
	Verbraucherpromotion	☐	
Fall E	Verkäuferpromotion	☐	
	Handelspromotion	☐	
	Verbraucherpromotion	☐	

4. Greifen Sie noch einmal Arbeitsauftrag 1 auf und ergänzen Sie, angeregt durch die neu hinzugewonnenen Erkenntnisse, Ihren Aktionen-/Maßnahmenkatalog.

Aktionen/ Maßnahmen

1	
2	
3	
4	
5	
6	

Info 1: Fallbeispiele

Fall A: Fahrt das Ding nach Hause!

Ein Automobilhersteller feiert „Jubel"-Finanzierungswochen. Bis zum 15. Juli können sich Kunden auf Sonderangebote und günstige Raten für den agilen Kleinwagen freuen. Zu diesem Anlass hat die Werbeagentur BBDO ein deutschlandweites Paket zusammengestellt, das umfangreiche Point-of-Sale-Maßnahmen umfasst. Unter dem Motto „Fahrt das Ding nach Hause!" bringt das BBDO-Team das Mega-Event des Jahres zu den Händlern. Bei ausgewählten Händlern in ganz Deutschland können sich Fans mehrere Spiele der WM auf einer Großbildleinwand ansehen. Riesenfußbälle, Fahnen und Showroom-Poster sorgen dabei für das richtige WM-Feeling. Darüber hinaus hat jeder Zuschauer die Möglichkeit, Robbie-Williams-Karten, eine Fußballfernbedienung oder einen riesigen Ball zu gewinnen. Passend zum Fußball-Thema bilden drei der kleinen Stadtflitzer, die einen überdimensionalen Fußball auf dem Dach tragen, das Keyvisual. Alle Informationen zu dieser Aktion findet der User auch im Netz. Auf seiner Website informiert der Automobilhersteller über alle Details der „Jubel"-Finanzierungswochen und der Live-Übertragungen. Die Kampagne läuft begleitend zur Fußballweltmeisterschaft bis zum 9. Juli.

Fall B: Tooooor – mehr als 1.000 Volltreffer von der Rolle!

Gewinne am laufenden Abdeckband gibt es ab dem 1. März bei einem Klebebandhersteller. Insgesamt drei Millionen Rollen tiseo® 4306 Premium Malerkrepp, tiseo® 4348 Malerkrepp, tiseo® 4309 Premium 120° und tiseo® 4317 Standard 80° tragen ein besonderes Gewinnspiel-Etikett. Das doppelschichtige Etikett birgt ein wertvolles Geheimnis: den SMS-Glückscode mit der Chance auf einen von 11 Panasonic Viera LED-Fernsehern mit Sky-Abo für 12 Monate Sport & Fußball live oder eine von 999 exklusiven tiseo Sporttaschen mit Dusch- und Pflegeset. Das Spielprinzip ist einfach: Wer seinen Glücks-Code in einen der hochwertigen Gewinne verwandeln will, muss zunächst per Mobiltelefon eine SMS mit dem Code an tiseo senden und dann die Antwort-SMS abwarten. Sie verrät, ob er gewonnen hat oder nicht. Auch im Internet kann mitgespielt werden. Einfach auf www.tiseo.de/malerprofi oder www.tiseo.de/lackiererprofi registrieren, den Glückscode erhalten und gleich online abschicken.

Die tiseo-Gewinnaktion läuft bis zum 9. Juli und richtet sich gezielt an professionelle Maler und Lackierer. Daher werden die drei Millionen Rollen tiseo® Maler- und Lackiererband ausschließlich an den Fachhandel und an Großkunden geliefert. „Mit der auf professionelle Endverbraucher ausgerichteten Aktion für den Handel will tiseo seine Präsenz im Markt sichtbar stärken und noch mehr Maler und Lackierer veranlassen, sich mit der Marke tiseo aktiv auseinanderzusetzen", erläutert Rudi Rebentisch, Markenmanager Industrie. „Das Gewinnspiel fürs Handy bietet unseren Endverbrauchern eine Gelegenheit, selbst mit tiseo in Verbindung zu treten." Passend zum sportlichen Großereignis 20.. sind alle Kommunikationsmittel rund um das Gewinnspiel auf das Thema Fußball ausgerichtet. Damit die tiseo Klebebänder im Laden entsprechend prominent platziert werden, wird der Handel mit einer speziellen Aussendung vorab auf das Gewinnspiel eingestimmt: Jeder Empfänger erhält eine hochwertige tiseo Präsentierbox mit Informationen zum Gewinnspiel und einem Elfmeterschießen in Miniatur. Damit das SMS-Gewinnspiel den Malerprofis nicht entgeht, bietet tiseo seinen Vertriebspartnern ein aufwendiges Promotionspaket zur Verkaufsunterstützung an. So machen Plakate im Handel auf die Aktion aufmerksam. Spezielle Wegweiser führen die Kunden direkt zum Regal. Eine Aktionsecke mit Torwand lädt zum Pausieren und Fachsimpeln ein und lenkt die Aufmerksamkeit zusätzlich auf das tiseo-SMS-Gewinnspiel. Mit einem breiten Sortiment für jeden Einsatzzweck und rund 20 % Marktanteil in Deutschland, Österreich und der Schweiz ist tiseo Marktführer bei Abdecklösungen für Lackier- und Malerarbeiten.

Fall C: Maskulin-Kunden fahren Formel-1-Boliden!

Reifenhersteller Maskulin ist seit einem Jahr wieder Formel-1-Ausrüster. Im April beginnt Maskulin mit „Driving Experience“ eine aufwendige Promotion, um Kunden am Rennsport-Engagement teilhaben zu lassen. Wer bis Ende Mai einen Satz Maskulin-High-Speed-Sportreifen kauft, kann einen Erlebnistag im „Euro-Speedway Lausitz“ bei Dresden gewinnen. Die fünf Gewinner reisen mit Partner und in Begleitung des für den Verkauf zuständigen Händlers zur modernsten Rennstrecke Deutschlands. Hauptattraktion: im Originaloutfit am Steuer eines Formel-1-Boliden. Neben dem attraktiven Hauptpreis winkt 15 Gewinnern eine virtuelle „Driving Experience“ – ein Komplettpaket, bestehend aus einer Sony-Playstation 2, einem Formel-1-Game und einem Rennlenkrad. Zusätzlich werden 80 exklusive Maskulin-Formel-1-Chronographen verlost, selbstverständlich mit Stoppwatch und Alarm-Modus. Alle Maskulin-Kunden, die im April oder Mai 20.. einen Satz Maskulin-High-Speed-Sportreifen kaufen, bekommen darüber hinaus eine Champions-Box, die eine Flasche Champagner und eine Original-Maskulin-Formel-1-Rennmütze enthält.

Fall D: Actubis Sommerfest verbreitet Urlaubsfeeling!

Der Computerhersteller Actubis verbreitete am firmeneigenen Gelände Urlaubsstimmung mit lateinamerikanischen Rhythmen von der Band „De la Rosa“ und karibischer Cocktailbar und verlängerte den Sommer für seine Gäste um eine heiße Nacht. Action und Unterhaltung für kleine und große Kinder boten virtuelle Games diverser Konsolenhersteller. Einer der Höhepunkte des Abends war die Verlosung von sechs Tickets für ein Wochenende mit Actubis auf Djerba, die im Rahmen der aktuell laufenden Promotion Actubis Desert Trophy gewonnen werden können. „Gemeinsam arbeiten – gemeinsam Feiern“ – unter dieses Motto stellte Actubis Österreich Geschäftsführer Harald Mach den spätsommerlichen Branchenevent: „Abseits von Veranstaltung oder Messegedränge möchten wir uns bei unseren Mitarbeitern und den Actubis-Partnern für die gemeinsame Arbeit bedanken und heute den Rahmen anbieten – sei es, einfach nur den Abend im Kreise der Kollegen zu genießen oder zu persönlichen Gesprächen zu nutzen.“ Insgesamt folgten 400 Mitarbeiter und Händler der Einladung und genossen Networking und Urlaubsstimmung. Diese ließen sie sich auch nicht durch die später einsetzenden warmen Regengüsse trüben.

Fall E: Micota feiert Geburtstag mit Rabattaktion!

Andere werden zum Wiegenfest beschenkt, Micota dreht den Spieß um. Der Notebooktaschenhersteller feiert sein 15-jähriges Firmenjubiläum und lädt seine Händler zum Feiern ein. Für 15 ausgewählte Produkte gewähren die Schwaben den Händlern einen Rabatt auf den Nettoeinkaufspreis in Höhe von 15 Prozent. Eingeschlossen in die Aktion sind Produkte der Kollektionen Actives, Executives und Originals. Dies sind die Taschen Multicompact, Multistart, Multisuccess, Multislight, Multiplus, Multitwin, Visioncompact, Visionextend, Visionplus, Ultracase Pro, Top Traveler Advanced, Bacpac Xtreme (grau und schwarz), Aluslight und Alucompact. Die Promotion läuft noch bis 31. März.

Info 2: Auszug aus dem Kompendium der Absatzpolitik

V

Kompendium der Absatzpolitik

Verkaufsförderung (Salespromotion)

Im Gegensatz zur Absatzwerbung, bei der Produkte oder Produktgruppen beworben werden, und der Öffentlichkeitsarbeit, die für den Aufbau und die Pflege eines positiven Unternehmensimages zuständig ist, soll die Verkaufsförderung (Salespromotion) mit immer neuen und überraschenden Maßnahmen im Zusammenhang mit einem Produkt oder einer Produktgruppe zusätzliche Kaufanreize auslösen.

Die Verkaufsförderung wird somit zum verlängerten Arm der Werbung.

Hierbei ist zu beachten, dass es sich bei verkaufsfördernden Maßnahmen immer um zeitlich begrenzte und die Werbung flankierende Maßnahmen handelt.

Die Bedeutung der Verkaufsförderung ist nicht zu unterschätzen. So werden im Durchschnitt ca. 25 % des Kommunikationsetats für verkaufsfördernde Maßnahmen ausgegeben. Dies ist insbesondere auf folgende Aspekte zurückzuführen:

- Immer mehr Produkte kommen auf den Markt und wollen verkauft werden.
- Der Druck, den Absatz zu steigern, nimmt kontinuierlich zu.
- Die Wirkung der Werbung nimmt aufgrund der permanenten Reizüberflutung ab.

Im Rahmen der Verkaufsförderung ist zwischen folgenden drei Varianten zu unterscheiden:

- konsumentenorientierte Verkaufsförderung (Verbraucherpromotion)
- handelsorientierte Verkaufsförderung (Handelspromotion)
- verkaufspersonalorientierte Verkaufsförderung (Verkäuferpromotion)

Um eine volle Wirkungsentfaltung zu erzielen, sollte nach Möglichkeit folgender Ablauf eingehalten werden.

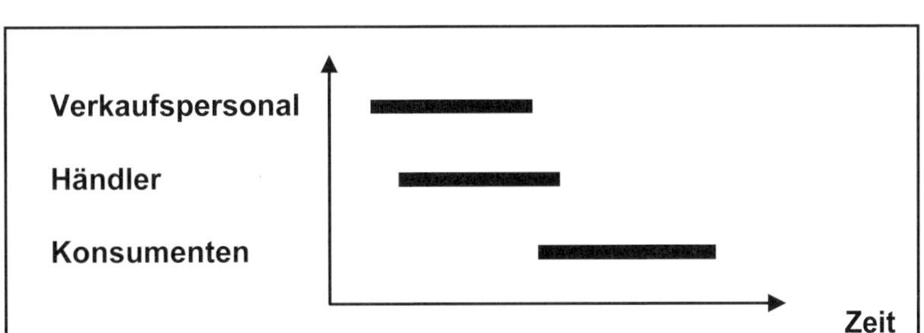

9 Schmidthausen, Prause ISBN 978-3-8120-1023-8

Fortsetzung

Konsumentenorientierte Verkaufsförderung (Verbraucherpromotion)

Verkaufsfördernde Maßnahmen, die sich direkt an den Endverbraucher oder Endverwender wenden, sind beispielsweise:

- Produktproben
- Zugaben
- Gewinnspiele
- zeitlich begrenzte Preisaktionen
- Gutscheine
- Kombipack (z.B. Zahnbürste und Zahncreme) mit Preisvorteilen
- Duopack (2 gleiche Produkte) mit Preisvorteilen
- Umtauschgarantie
- Inzahlungnahme alter Waren
- Treueprämien
- Give-aways (kleine Geschenke)

Handelsorientierte Verkaufsförderung (Handelspromotion)

Darüber hinaus muss der Händler motiviert werden, die jeweiligen Produkte zu führen und deren Absatz wirkungsvoll zu forcieren. Was nützt das beste Produkt, wenn der Händler ungenügende Anstrengungen unternimmt, es zu verkaufen, z.B., indem der Händler das Produkt ungünstig platziert oder er ungenügend über die Vorteile des Produktes informiert ist? Geeignete Maßnahmen in dem Zusammenhang sind insbesondere:

- Argumentationshilfen (Produktinformationen)
- Verkaufsschulungen für die Mitarbeiter des Händlers
- Produktvorführungen
- zeitlich befristete Preisnachlässe
- Verkaufswettbewerbe
- Anerkennungen für den Händler (Geschenke, Reisen etc.)
- finanzielle Unterstützung bei Werbemaßnahmen
- Schaufensterdekorationsservice
- Bereitstellung von Displaymaterial

Verkaufspersonalorientierte Verkaufsförderung (Verkäuferpromotion)

Der Idee, das eigene Verkaufspersonal (Innen- und Außendienst) in die Verkaufsförderung mit einzubeziehen, liegt die Tatsache zugrunde, dass das Personal durch sein Verhalten die Kaufentscheidung des Kunden maßgeblich beeinflusst. Wichtige verkaufsfördernde Maßnahmenbereiche, die auch dem Bereich Fort- und Weiterbildung zugeordnet werden können, sind:

- Ausbildung und Schulung: z.B. Produktwissen, Verkaufspsychologie, Verkaufstechniken und Verhaltenstraining.
- Motivation und Leistungsanreize: z.B. Umsatzprovision, Boni bei außergewöhnlichen Leistungen, Verkäuferwettbewerbe, Erfolgsbericht in Firmenzeitschrift, großzügige Spesenregelung, Anerkennungen (Geschenke, Reisen etc.), Handy, Laptop und Geschäftswagen.

Info 3: Übersicht Salespromotion

Der ______________________

Arm der __________________!

Beispiele:
1. ______________________
2. ______________________
3. ______________________
4. ______________________
5. ______________________
6. ______________________

Beispiele:
1. ______________________
2. ______________________
3. ______________________
4. ______________________
5. ______________________
6. ______________________

Beispiele:
1. ______________________
2. ______________________
3. ______________________
4. ______________________
5. ______________________
6. ______________________

Lernsituation 13

Öffentlichkeitsarbeit betreiben

Absatzprozesse

Lernsituation:

Bei der BüroTec GmbH herrscht große Aufregung. Herr Schmidt und Frau Peters laufen unruhig hin und her. Herr Pudenz, Leiter der Fertigung, sitzt ihnen nicht minder nervös gegenüber.

Herr Schmidt: Herr Pudenz, wie konnte das nur passieren? Gerade jetzt, wo der neue Schreibtisch doch so gut eingeschlagen ist.

Herr Pudenz: Nun, die Lackieranlage, an der die Probleme aufgetreten sind, ist schon einige Jahre in Betrieb. Aus Kostengründen haben wir den Kauf einer neuen modernen Anlage immer seit Jahren vor uns hergeschoben.

Frau Peters: Probleme sagen Sie? Die Presse spricht da eine ganz andere Sprache. Sehen Sie sich mal den Zeitungsartikel an.

> **Umweltkatastrophe am Niederrhein**
>
> **Büromöbelhersteller BüroTec setzt giftige Substanzen frei**
>
> Moers – Wie die Geschäftsführung der BüroTec GmbH, einem mittelständischen Industrieunternehmen in Moers am Niederrhein, gestern Vormittag mitteilte, kam es am Tag zuvor um die Mittagszeit in der Fertigung zu einem Störfall, wie es ihn in der 28-jährigen Geschichte des Unternehmens noch nicht gegeben hat. Hochgiftige Dämpfe gelangten durch eine undichte Stelle im Rohrsystem der Fertigung ins Freie. Wie sich nun herausstellte legte sich eine große Wolke als Nebel über die umliegenden Rheinwiesen. Rund 1,2 Tonnen der giftigen Substanzen gingen nieder. Menschen kamen glücklicherweise nicht zu schaden. Umweltschützer von Greenpeace waren sofort vor Ort und warfen der Unternehmensleitung verantwortungsloses Verhalten vor.

Herr Pudenz liest den Artikel.

Herr Pudenz: Du lieber Himmel, die Ausmaße der Geschichte waren mir so nicht bewusst. Was sollen wir bloß tun? Ungeschehen machen können wir das Ganze ja nun nicht mehr.

Herr Schmidt: Ab heute sind wir für die Öffentlichkeit die Umweltverschmutzer am Rhein. Vom konkreten Schaden ganz zu schweigen...

Frau Peters: Die Folgen für unser Unternehmen sind überhaupt noch nicht abzusehen. Wir müssen unverzüglich reagieren.

Herr Schmidt: Die Frage ist nur: Wie?

Arbeitsaufträge:

1. Welche schwerwiegenden Folgen kann der Störfall für die BüroTec GmbH haben?

2. Wie sollte die BüroTec GmbH auf die Krise reagieren?

3. Die Geschäftsführung der BüroTec GmbH beabsichtigt, im Rahmen einer Pressemitteilung zu den Problemen Stellung zu nehmen. Überlegen Sie, was in eine derartige Pressemitteilung hineingehört und verfassen Sie mithilfe der Vorlage (Info 1) ein entsprechendes Schreiben in der Wir-Form.

4. Welche weiteren Maßnahmen sollte die BüroTec GmbH ergreifen, um die Krise zu meistern und den Fortbestand des Unternehmens zu sichern?

Maßnahmen		
	1	
	2	
	3	
	4	
	5	
	6	

5. Um der Öffentlichkeit zu zeigen, welche Maßnahmen man in punkto Umweltschutz ergriffen hat, beabsichtigt die BüroTec GmbH, einen „Tag der offenen Tür" durchzuführen. Sie werden mit der Organisation dieser Veranstaltung beauftragt. Bereiten Sie die Veranstaltung vor, indem Sie eine diesbezügliche To-Do-Liste erstellen.

To-Do-Liste		
	1	
	2	
	3	
	4	
	5	
	6	
	7	

6. Erstellen Sie anhand der zur Verfügung stehenden Informationen (Info 2) eine Übersicht zum Thema Öffentlichkeitsarbeit/Public Relations (Info 3).
7. Erläutern Sie anhand von Beispielen, warum staatliche Institutionen ebenfalls zum Adressatenkreis der Öffentlichkeitsarbeit/Public Relations zählen.
8. Das Unternehmen in ein positives Licht zu rücken, ist nicht nur in Krisenzeiten gefragt. Warum ist das Image für viele Unternehmen von großer Bedeutung?
9. Analysieren Sie die dpa-Meldung „Telekom beendet Radsport-Engagement" (Info 4) hinsichtlich folgender Fragestellungen:

   9.1 Von welchem PR-Instrument ist in dem Zeitungsartikel die Rede?
   9.2 Welche Erwartungen hat die Telekom an das vor 16 Jahren begonnene Radsport-Engagement geknüpft?
   9.3 Welche Gründe werden die Telekom dazu bewogen haben, ihr Engagement zu beenden?

Info 1: Formular „Pressemitteilung“

SPIEGEL ONLINE

Süddeutsche.de

WDR Fernsehen

WELT ONLINE

BüroTec GmbH
Moers

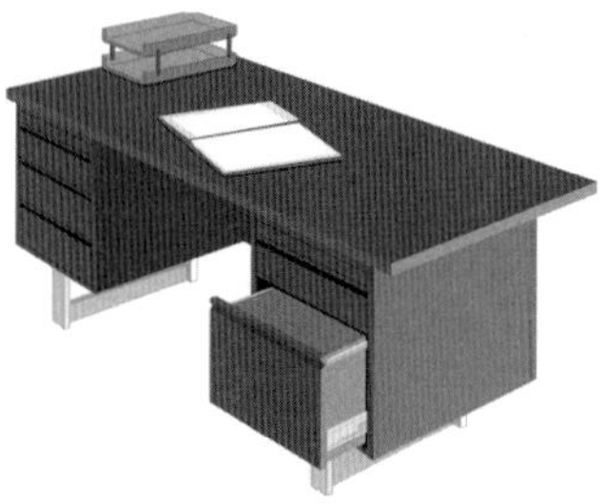

Pressemitteilung

Geschäftsführer:
Moritz Schmidt
Michael Schneider
Petra Peters
Sitz der Gesellschaft:
Moers

Handelsregister:
Amtsgericht Moers
HRB 4 415

Kommunikation:
Telefon: 02841 283-0
Telefax: 02841 283-1
E-Mail: info@buerotec.de

Bankverbindungen:
Sparkasse am Niederrhein
IBAN: DE41 3545 0000 0369 9908 94
BIC: WELADED1MOR
Postbank Essen
IBAN: DE79 3601 0043 0734 8993 29
BIC: PBNKDEFF360

Finanzamt Moers
Steuernummer:
12287679943
Ust-Id-Nummer:
DE 811127386

Info 2: Auszug aus dem Kompendium der Absatzpolitik

O

Kompendium der Absatzpolitik

Öffentlichkeitsarbeit (Public Relations)

Im Gegensatz zur Absatzwerbung, bei der Produkte oder Produktgruppen beworben werden, handelt es sich bei der Öffentlichkeitsarbeit (auch Public Relations genannt) um Werbung für das Unternehmen als Ganzes. Sie hat die Aufgabe, das Image des Unternehmens in der Bevölkerung positiv zu beeinflussen, d.h. ein positives Image aufzubauen oder wenn vorhanden zu pflegen. Die Absatzsteigerung steht nicht im Vordergrund, wenngleich ein positives Image sicherlich positive Auswirkungen auf den Absatz haben wird.

Mit Öffentlichkeit sind all diejenigen Gruppen gemeint, die die Interessen des Unternehmens berühren und die Unternehmensziele beeinflussen können:

- Endverbraucher und -verwender
- Groß- und Einzelhandel
- Kapitalgeber
- Mitarbeiter
- staatliche und private Institutionen

Um die jeweiligen Zielgruppen zu erreichen, spielen die Medien als Mittler von Informationen eine wesentliche Rolle. Getreu dem Motto „Tue Gutes und rede darüber" stehen der Öffentlichkeitsarbeit im Wesentlichen folgende Instrumente zur Verfügung:

- Veröffentlichungen
  - z.B. Geschäftsberichte, Pressemappen, Prospekte, Newsletter, Kunden- und Mitarbeitermagazine
- Veranstaltungen
  - z.B. Pressekonferenzen, Ausstellungen, Betriebsbesichtigungen und Tag der offenen Tür
- Nachrichten
  - z.B. Verfassen von Pressemitteilungen
- Reden und Vorträge
  - z.B. Teilnahme an Talk-Shows, Verbandstreffen, Fachmessen
- Sponsoring
  - z.B. Sport-, Umwelt- und Kultursponsoring
- Spenden
  - z.B. bei Naturkatastrophen
- Krisenmanagement
  - z.B. bei Umwelt- oder auch Qualitätsproblemen
- Visuelle Identität
  - hier geht es um das Erscheinungsbild (Corporate Design) des Unternehmens, z.B. Name, Logo, Formulare, Briefkopf, Visitenkarten, Geschäftsausstattung und Kleiderordnung

Info 3: Übersicht „Öffentlichkeitsarbeit (Public Relations)“

Öffentlichkeitsarbeit (Public Relations)

Ziele

_____________ und _____________ eines positiven _____________ !

Adressaten

1. _____________
2. _____________
3. _____________
4. _____________
5. _____________

Instrumente

1. _____________
2. _____________
3. _____________
4. _____________
5. _____________
6. _____________
7. _____________
8. _____________

Info 4: Meldung der Deutschen Presseagentur

Telekom beendet Radsport-Engagement

Die Telekom wird ihr finanzielles Engagement im Radsport mit sofortiger Wirkung beenden. Diese Entscheidung des Vorstands gab das Unternehmen am Dienstag auf seiner Homepage bekannt. Man wolle sich damit, nachdem weitere Vorfälle bekannt geworden sind, vom Doping im Radsport distanzieren. Der Telekom-Konzern zieht die Konsequenzen aus dem Doping-Sumpf im deutschen Profi-Radsport und beendet nach 16 Jahren sein Engagement. „Wir haben uns zu diesem Schritt entschlossen, um uns und die Marke T-Mobile von den jüngsten Doping-Erkenntnissen im Sport und speziell im Radsport zu distanzieren", sagte der Vorstandsvorsitzende von T-Mobile International, Hamid Akhavan, am Dienstag in Bonn. „Angesichts unserer langjährigen Unterstützung für den Profiradsport und der Fortschritte, die das Management um Bob Stapleton zuletzt machte, ist uns dies nicht leicht gefallen", erklärte der Telekom-Vorstand. Aber es gebe auch eine Verpflichtung gegenüber dem Kerngeschäft und damit gegenüber den Mitarbeitern, Kunden und Aktionären. Der Konzern habe mit dem aktuellen Management des T-Mobile-Teams hart daran gearbeitet, für einen sauberen Radsport einzutreten. „Wir haben uns aber nun dazu entschieden, unsere Mittel an anderer Stelle einzusetzen", sagte Akhavan. Die Entscheidung, das Engagement im Radsport zu beenden, sei nicht aufgrund von Unstimmigkeiten mit dem Team-Management oder dessen Fehlverhalten getroffen worden, betonte Akhavan. Nichts geändert habe sich für die Telekom zudem an der Sichtweise, dass man durch sein Engagement auch Verantwortung trage: „Wir werden unseren Verpflichtungen im Anti-Doping-Kampf, dem wir eine nennenswerte Summe zur Verfügung stellen, unverändert nachkommen." Zur Zukunft des T-Mobile-Teams sagte dessen Manager Stapleton: „Wir hoffen, dass die Mannschaft als unabhängige Einheit weiter arbeiten kann, um nicht nur die sportlichen Ziele zu erreichen, sondern auch weiter die Führungsrolle im Anti-Doping-Kampf einzunehmen." In den vergangenen Tagen habe der Konzern mit dem Unternehmen „Neuer Straßen Sport", der Betreibergesellschaft der beiden T-Mobile Profi-Rad-Teams, über die Auflösung des bis 31. Dezember 2010 geschlossenen Vertrages in beiderseitigem Einvernehmen verhandelt. Die Details würden von beiden Seiten vertraulich behandelt. Noch im August hatte T-Mobile angekündigt, trotz der Dopingkrise sein Engagement als Geldgeber bis mindestens 2010 fortsetzen zu wollen. „Der, der verändern will, darf nicht weglaufen", hatte T-Mobile-Sprecher Christian Frommert erklärt und ergänzt, dass ein Ausstieg das falsche Signal wäre, das die Bemühungen aller Beteiligten um einen sauberen Sport torpedieren würde. Der Bundesinnenminister Wolfgang Schäuble hatte dies als wichtigen Schritt im Kampf gegen Doping bezeichnet. Allerdings hatte der Konzern sich schon damals vorbehalten, bei weiteren Dopingfällen im Team umgehend auszusteigen.

Quelle: dpa vom 27.11.2007

10 Schmidthausen, Prause ISBN 978-3-8120-1023-8

Lernsituation 14	Das Vertriebssystem analysieren	Absatz-prozesse

Lernsituation:

Am Morgen des 20.04.20.. bittet Herr Mischke, kaufmännischer Leiter der BüroTec GmbH, Herrn Gräff, den Leiter der Verkaufsabteilung, zu sich.

Herr Gräff: Guten Morgen, Herr Mischke. Was kann ich für Sie tun?

Herr Mischke: Guten Morgen, Herr Gräff, schön dass Sie so kurzfristig kommen konnten. Ich habe gute Nachrichten. Wir konnten Herrn Hirschberger für die Stelle als Verkaufsmitarbeiter im Innendienst gewinnen. Er hat uns heute Morgen den unterschriebenen Arbeitsvertrag zugeschickt.

Herr Gräff: Ausgezeichnet. Herr Hirschberger hat in den Bewerbungsgesprächen wirklich einen guten Eindruck hinterlassen.

Herr Mischke: Das sehe ich genauso. Er wird nächsten Montag seine Stelle bei uns antreten. Bitte nehmen Sie Herrn Hirschberger nächsten Montag um 08:00 Uhr in Empfang und informieren Sie ihn über unseren Verkauf.

Herr Gräff: Gerne, Herr Mischke. Ich werde für Herrn Hirschberger entsprechende Unterlagen zusammenstellen und ihn umfassend über unser Vertriebs-system in Kenntnis setzen.

Arbeitsaufträge:

1. Beschreiben Sie mithilfe von Info 1 und 2 das Vertriebssystems (Distributionssystem) der BüroTec GmbH. Nutzen Sie hierzu die Übersicht (Info 3).

2. Die BüroTec GmbH hat sich bei Unternehmensgründung für den direkten und gegen den indirekten Absatz entschieden. Führen Sie die jeweiligen Vorteile an.

Direkter Absatz (Vorteile)	Indirekter Absatz (Vorteile)

3. Verschaffen Sie sich einen Überblick über mögliche Absatzwege, indem Sie die Übersichten (Info 4 und 5) vervollständigen.
   - Absatzwege von Konsumgüterherstellern
   - Absatzwege von Investitionsgüterherstellern
4. Welcher zentrale Unterschied besteht hinsichtlich der möglichen Absatzwege zwischen dem Investitionsgüter- und dem Konsumgüterbereich?
5. Aus welchen Gründen wird in der Investitionsgüterindustrie eher der direkte Absatz bevorzugt?
6. Die BüroTec GmbH hat sich dazu entschieden, in Zukunft den Absatz im Konsumgüterbereich (Stichwort: Privatkunden) auszubauen. Die Büromöbel sollen über den Groß- und Einzelhandel vertrieben werden. Welche Vorteile bietet dieser Absatzweg hinsichtlich der Liefermenge und der Zahl der Kunden?

Info 1: Vertriebssystem (Distributionssystem)

Vertriebssystem (Distributionssystem) der BüroTec GmbH

Die BüroTec GmbH, Hersteller moderner Büromöbel, mit Firmensitz in Moers, verkauft ihre Erzeugnisse überwiegend an Geschäftskunden in ganz Deutschland. In kleinerem Rahmen werden auch Privatkunden beliefert. Der Verkauf erfolgt sowohl durch Verkäufer im Innendienst am Firmensitz in Moers als auch durch Verkäufer im Außendienst, sogenannte Reisende. Der Handel wird nicht dazwischengeschaltet.

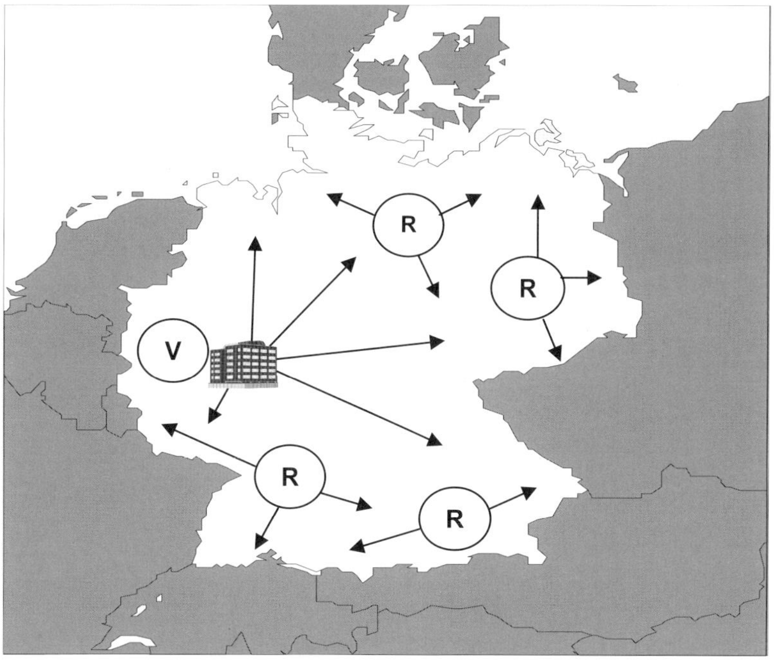

Legende: V = Verkaufsabteilung (Moers) / R = Reisende

Die BüroTec GmbH unterhält keinen eigenen Fuhrpark, sondern nutzt die logistischen Dienstleistungen eines Speditionsunternehmens. Die verschiedenen Artikel werden vom zentralen Auslieferungslager am Unternehmenssitz in Moers per Lkw an Kunden in ganz Deutschland geliefert. Das moderne Hochregallager wird von der BüroTec GmbH selbst betrieben.

Info 2: Auszug aus dem Kompendium der Absatzpolitik

A

Kompendium der Absatzpolitik

Absatzwege, Absatzorgane und Absatzorganisation

Der Absatzweg ist der Weg des Erzeugnisses vom Hersteller zum Verbraucher bzw. Verwender. Verbraucher bzw. Verwender können Geschäftskunden (gewerbliche Abnehmer) oder aber Privatpersonen (Konsumenten) sein. Im ersten Fall spricht man vom Investitionsgüterbereich, im zweiten Fall vom Konsumgüterbereich. In beiden Fällen können die Hersteller zwischen dem direkten und dem indirekten Absatz wählen.

Werden die Erzeugnisse unmittelbar, also ohne Einschaltung des Handels, an den Verbraucher bzw. Verwender verkauft, spricht man vom direkten Absatz. Wird hingegen der Groß- und Einzelhandel oder auch nur der Einzelhandel zwischengeschaltet, spricht man vom indirekten Absatz. Im Investitionsgüterbereich ist zu beachten, dass die Erzeugnisse beim indirekten Absatz nur über den sogenannten (Industrie-)Großhandel zu den gewerblichen Abnehmern gelangen. Der Einzelhandel ist außen vor, da er sich direkt an Privatpersonen wendet.

In beiden Fällen können sowohl unternehmenseigene als auch unternehmensfremde Absatzorgane eingesetzt werden:[1]

Absatzorgane

Unternehmenseigene Absatzorgane	Unternehmensfremde Absatzorgane

• Reisende (Verkäufer im Außendienst)
• Verkäufer im Innendienst
  ○ Hauptsitz
  ○ Verkaufsniederlassung
• Geschäftsleitung
• Vertragshändler
• Franchising
• E-Commerce
	• Handelsvertreter
	• Kommissionäre
	• Handelsmakler

Der direkte Absatz findet häufig in der Investitionsgüterindustrie Anwendung, während der indirekte Absatz überwiegend in der Konsumgüterindustrie zu finden ist. In der Praxis sind jedoch auch Mischformen zu beobachten. Werden die Erzeugnisse ausschließlich vom Hauptsitz aus, z.B. durch die Verkäufer im Innendienst oder durch die Geschäftsleitung, verkauft, spricht man von einer zentralisierten Absatzorganisation.

1 Diese Auffassung wird in der Literatur nicht einheitlich von allen Autoren vertreten. Manche Autoren vertreten die Auffassung, dass allein schon durch den Einsatz von unternehmensfremden Absatzorganen die Erzeugnisse indirekt abgesetzt werden.

Fortsetzung

Wird hingegen von mehreren Stellen aus verkauft, z.B. vom Hauptsitz oder von Verkaufsniederlassungen aus sowie durch Reisende, spricht man von einer dezentralisierten Absatzorganisation. Im Folgenden sollen die auf der vorherigen Seite aufgeführten Absatzorgane kurz erläutert werden:

Unternehmenseigene Absatzorgane

Der Reisende, häufig auch als Verkäufer im Außendienst bezeichnet, ist wie alle anderen kaufmännischen Mitarbeiter beim Unternehmen fest angestellt. Er tritt im Namen des Unternehmens auf, repräsentiert es, stellt die Produkte des Unternehmens vor und schließt gegebenenfalls Kaufverträge ab.

Verkaufsniederlassungen sind wirtschaftlich und rechtlich Teil des Unternehmens. Die hier beschäftigten Mitarbeiter sind wie die Reisenden beim Unternehmen angestellt.

In kleineren und mittleren Unternehmen werden wichtige Geschäfte aufgrund der großen Bedeutung für das Unternehmen nicht von den Verkaufsmitarbeitern, sondern von der Geschäftsleitung getätigt.

Vertragshändler sind rechtlich selbstständige Unternehmen, die sich vertraglich verpflichtet haben, im Wesentlichen die Produkte eines Herstellers zu führen. Der Vertrieb von Produkten anderer Hersteller ist nur zulässig, wenn die Produkte sich ergänzen und nicht miteinander konkurrieren. Im Gegenzug erhalten die Vertragshändler einen Gebietsschutz. Das Vertragshändlersystem findet sich sehr häufig in der Automobilbranche.

Beim Franchising verkauft der Franchisenehmer die Produkte des Franchisegebers unter einem einheitlichen Marketingkonzept. Der Verkauf wird unter dem Namen des Franchisegebers getätigt. Der Franchisenehmer ist jedoch rechtlich selbstständig. Die Ladengestaltung und das Sortiment sind bei allen Franchisenehmern gleich. Die Leistungen des Franchisegebers und die Höhe des Entgelts des Franchisenehmers werden vorab vertraglich geregelt. Beispiele für Franchisesysteme sind unter anderem: McDonald´s, Apollo Optik, Marc O'Polo und OBI Baumärkte.

Eine Sonderform der unternehmenseigenen Absatzorgane stellt der E-Commerce dar. E-Commerce bedeutet, dass Produkte über das Internet verkauft werden. Voraussetzung hierfür sind entsprechende Informations- und Kommunikationssysteme.

Unternehmensfremde Absatzorgane

Der Handelsvertreter ist ein selbstständiger Kaufmann, der damit betraut ist, für ein anderes Unternehmen Geschäfte abzuschließen. Handelsvertreter arbeiten für mehrere Unternehmen, deren Produkte jedoch nicht miteinander konkurrieren, sondern sich ergänzen sollten.

Ein Kommissionär ist ein selbstständiger Kaufmann, der Waren im eigenen Namen, aber auf Rechnung des Auftraggebers (Kommittent) kauft oder verkauft. Wenn Handelsbetriebe Kommissionsware erhalten, muss diese nicht sofort, sondern erst nach dem Verkauf bezahlt werden. Kommissionäre erhalten nach dem Verkauf eine Provision. Erfolgt kein Verkauf, werden die Produkte an den Kommittenten zurückgegeben.

Der Handelsmakler ist ein selbständiger Kaufmann, der gewerbsmäßig die Vermittlung von Verträgen übernimmt, ohne in einem ständigen Vertragsverhältnis zu seinem Auftraggeber zu stehen. Er ist nur von Fall zu Fall tätig. Neben den Zivilmaklern (Grundstücksmakler u.a.) unterscheidet man nach dem Tätigkeitsbereich verschiedene Handelsmakler, wie z.B. Versicherungsmakler und Frachtenmakler.

Info 3: Übersicht Vertriebssystem (Distributionssystem)

Vertriebssystem (Distributionssystem) BüroTec GmbH	
Welche Güter werden vertrieben?	• Investitionsgüter ☐ • Konsumgüter ☐
Welcher Absatzweg wurde gewählt?	• direkt ☐ • indirekt ☐
Welche Art Absatzorgane werden eingesetzt?	• unternehmenseigene ☐ • ____________ • ____________ • unternehmensfremde ☐ • ____________ • ____________
Wie ist die Absatzorganisation gestaltet?	• zentral ☐ • dezentral ☐
Unterhält man einen eigenen Fuhrpark (Werkverkehr) oder greift man auf Speditionsunternehmen zurück?	• Werkverkehr ☐ • Speditionsunternehmen ☐
Welche Verkehrsmittel werden eingesetzt?	• Lkw ☐ • Sonstige ☐
Unterhält man ein zentrales oder mehrere dezentrale Auslieferungslager?	• zentrales Lager ☐ • dezentrale Lager ☐
Wird das Lager selbst (Eigenlager) oder von einem Logistikdienstleister (Fremdlager) betrieben?	• Eigenlager ☐ • Fremdlager ☐

Info 4: Übersicht Absatzwege von Konsumgüterherstellern

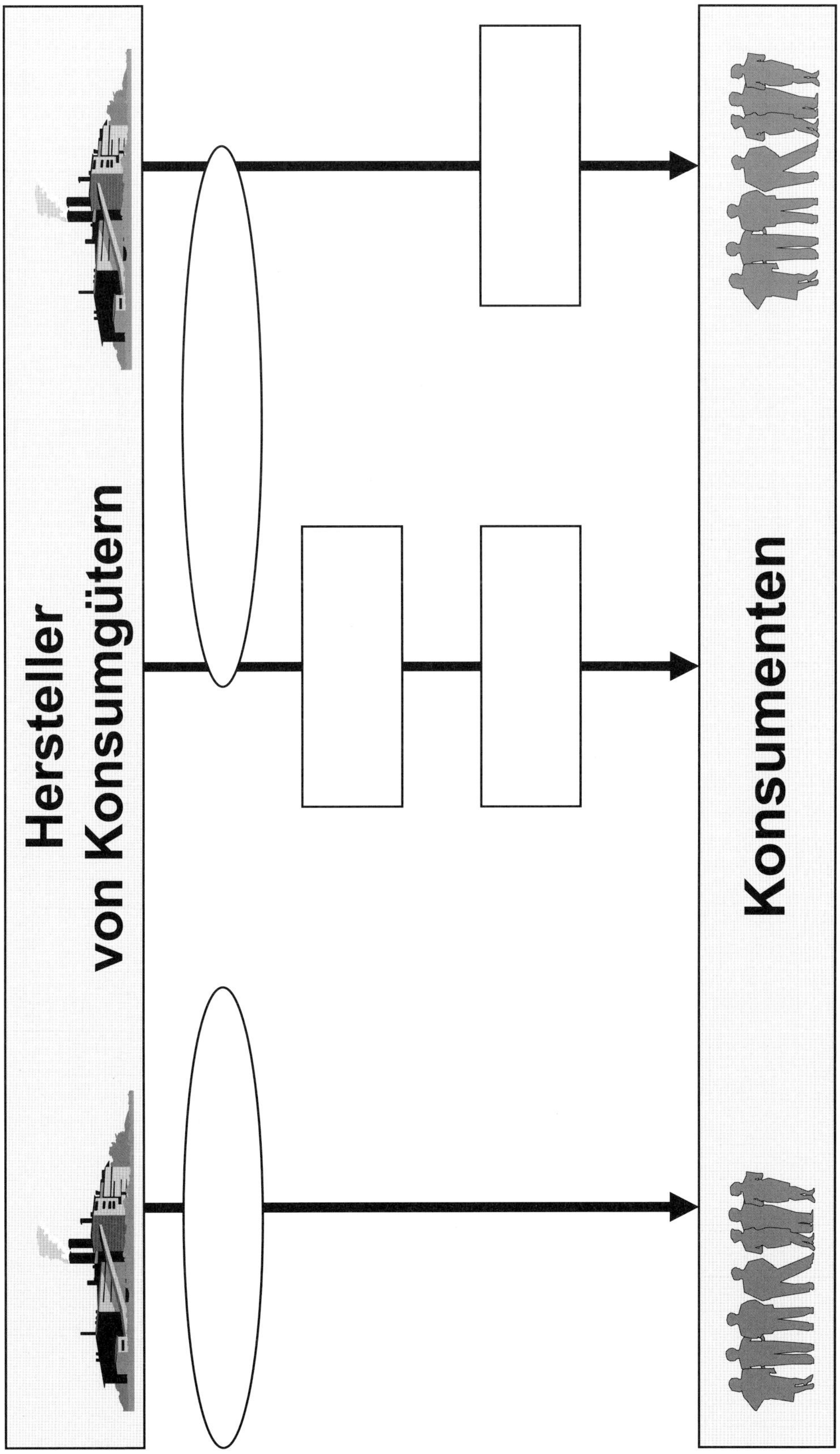

Sowohl beim ________ als auch beim ________ Absatz können ________
Absatzorgane, wie z.B. ________ oder ________, sowie
________ Absatzorgane, wie z.B. ________ eingesetzt werden!

Info 5: Übersicht Absatzwege von Investitionsgüterherstellern

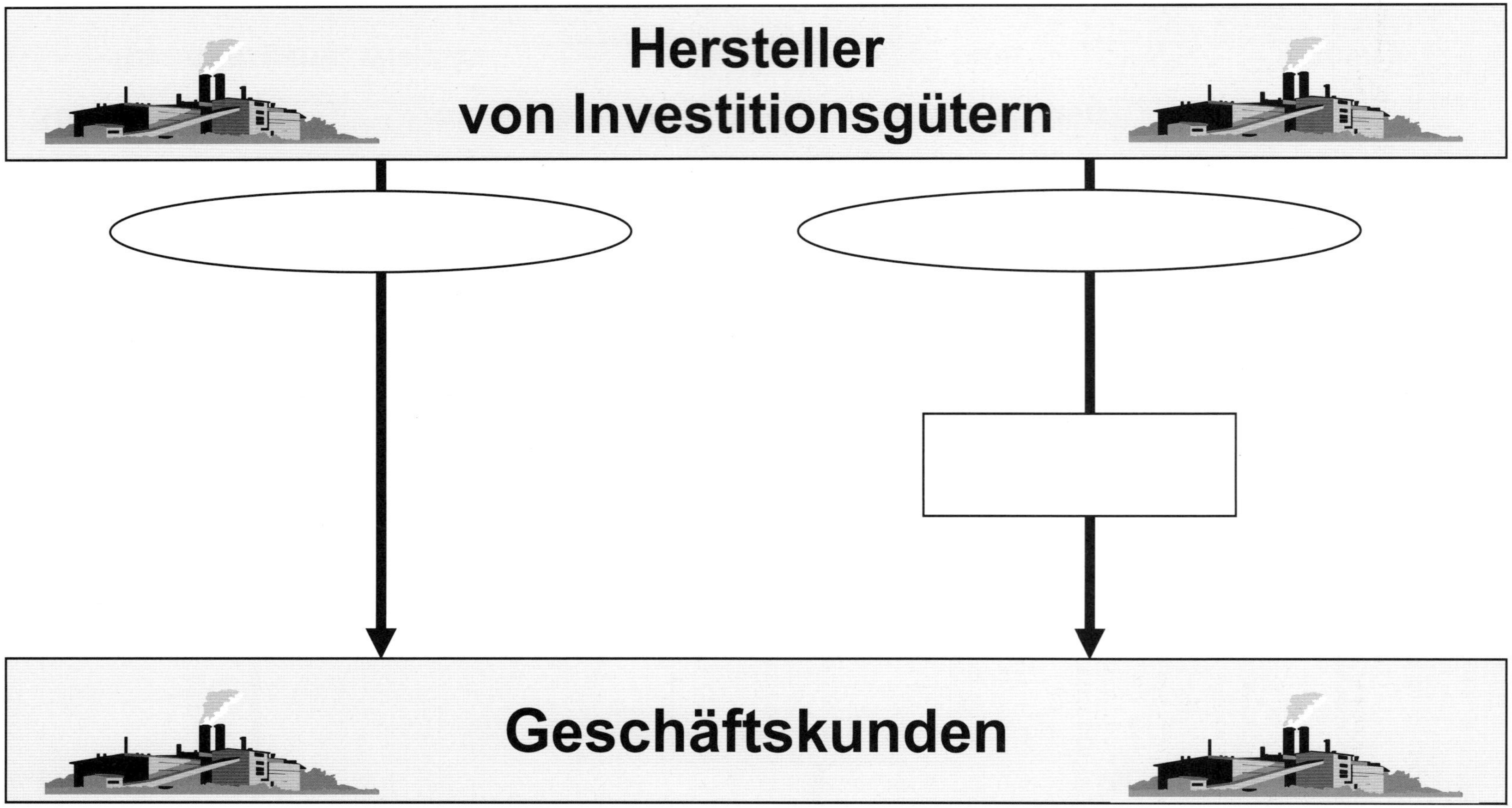

Wie bei den Herstellern für Konsumgüter können auch bei den Investitionsgüterherstellern sowohl beim __________ als auch beim __________ Absatz ______________________ Absatzorgane, wie z.B. __________________________ oder ______________, sowie ________________________ Absatzorgane, wie z.B. ___________________ eingesetzt werden!

Lernsituation 15 	**Absatzorgane auswählen (Reisender vs. Handelsvertreter)**	**Absatz-prozesse**

Lernsituation:

Nach reiflicher Überlegung hat sich die Geschäftsführung der BüroTec GmbH dazu entschieden, ein zweites Standbein zu schaffen und zusätzlich zu den Büromöbeln Seminarbedarf, wie z.B. Pinnwände, Flipcharts und Moderationsmaterialien, in das Absatzprogramm aufzunehmen. Nun soll die weitere Vorgehensweise festgelegt werden.

Frau Peters: Meine Herren, ich bin sicher, unsere neue Geschäftsidee wird unsere Wettbewerbsfähigkeit weiter stärken.

Herr Schmidt: Da stimme ich Ihnen zu. Wenn die Marktprognose zutrifft, können wir mehr als zufrieden sein.

Herr Bours: Das ist richtig. Problematisch ist nur, dass wir unser bisheriges Vertriebssystem kaum nutzen können.

Herr Schneider: Wie meinen Sie das?

Herr Bours: Nun, die Büromöbel haben wir bislang über unsere Verkaufsabteilung und die Reisenden direkt an unsere Kunden verkauft. Was den Seminarbedarf angeht, haben wir uns ja zweckmäßigerweise für den indirekten Absatz über den Groß- und Einzelhandel entschieden.

Herr Schneider: Und?

Herr Bours: Nun, unsere Mitarbeiter verfügen über keinerlei Erfahrung, was den Umgang mit dem Handel angeht. Außerdem reicht die Zahl der vorhandenen Mitarbeiter bei weitem nicht aus, um unser Vorhaben erfolgreich zu gestalten. Wir müssen die Zahl der Reisenden erheblich erhöhen.

Herr Schmidt: Das heißt, wir binden Mitarbeiter an uns, obwohl der Erfolg noch in den Sternen steht.

Herr Bours: Wenn Sie so wollen, ja.

Frau Peters: Gibt es denn keine andere Möglichkeit?

Herr Bours: Doch, wir könnten auch selbstständige Handelsvertreter mit dem Verkauf unserer Produkte beauftragen.

Herr Schneider: Können wir dadurch Kosten einsparen?

Herr Bours: Die Frage lässt sich so einfach nicht beantworten. Das hängt von verschiedenen Faktoren ab. Und letztlich spielen nicht nur die Kosten eine Rolle. Ich schlage daher vor, ich führe einen umfassenden Vergleich durch und präsentiere Ihnen Ende dieser Woche das Ergebnis.

Herr Schmidt: Eine gute Idee. Wenn alle einverstanden sind, werden wir so vorgehen.

Arbeitsaufträge:

1. Vergleichen Sie die beiden Absatzorgane Reisender und Handelsvertreter, indem Sie die zur Verfügung stehende Tabelle (Info 3) vervollständigen. Nutzen Sie hierzu das Informationsmaterial (Info 2).

2. Ermitteln Sie mithilfe von Info 1, welches Absatzorgan bei dem monatlich prognostizierten Umsatz kostengünstiger ist. Halten Sie das Ergebnis der quantitativen Analyse (Kostenkalkulation) auf dem Entscheidungsformular fest (Info 6).

11 Schmidthausen, Prause ISBN 978-3-8120-1023-8

3. Bei dem erwarteten Umsatz handelt es sich um eine Prognose. Prognosen beinhalten naturgemäß immer einen hohen Grad an Unsicherheit. Aus diesem Grund ist es sinnvoll, einen Kostenvergleich für unterschiedliche Umsatzzahlen durchzuführen. Führen Sie diesen Kostenvergleich durch (Info 4).
4. Bei welchem Umsatz sind die Kosten für die beiden Absatzorgane gleich hoch?
5. Der Umsatz, bei dem die Kosten gleich hoch sind, wird kritischer Umsatz genannt. Er lässt sich nicht nur tabellarisch, sondern auch per Formel ermitteln. Stellen Sie die Formel auf und berechnen Sie auf diesem Weg den kritischen Umsatz.
6. Stellen Sie den Kostenvergleich Reisender vs. Handelsvertreter grafisch dar (Info 5). Schraffieren Sie die Bereiche, in denen der Reisende bzw. der Handelsvertreter günstiger ist, und vervollständigen Sie den Merksatz.
7. Wie würde Ihre Entscheidung ausfallen, wenn die Umsatzprognose bei 110.000,00 € je Monat und Absatzorgan, Tendenz steigend, liegen und es sich hierbei um eine relativ sichere Prognose handeln würde?
8. Bei der Entscheidung Reisender vs. Handelsvertreter sind neben den Kosten auch andere Kriterien zu berücksichtigen. Führen Sie daher mithilfe von Info 2 und dem Entscheidungsformular (Info 6) auch eine qualitative Analyse (Punktwertverfahren) durch.
9. Treffen Sie anschließend eine Entscheidung, über welches Absatzorgan der Seminarbedarf vertrieben werden soll.
10. Führen Sie zwei Gründe an, warum Reisende gehalten sind, im Rahmen ihrer Tätigkeit Besuchsberichte zu erstellen.

Info 1: Interne Mitteilung

BüroTec GmbH

Interne Mitteilung

an: Herrn Bours

von: K. Kruse
Abteilung: Marketing
Datum: 28.04.20..
Zeichen: kru

Marktprognose

Gemäß Marktprognose des von uns beauftragten Marktforschungsinstituts ist bezüglich des Seminarbedarfs mit einem Gesamtumsatz von 800.000,00 € je Monat zu rechnen.

Die Verkaufsregion Deutschland soll in 8 Verkaufsgebiete unterteilt werden, die von jeweils einem Reisenden oder einem Handelsvertreter betreut werden sollen.

Daten zu den Absatzorganen:

- erwarteter Umsatz: 100.000,00 € je Monat und Absatzorgan
- Fixum Reisender: 2.400,00 € je Monat
- Provision Reisender: 1 % vom Umsatz je Monat
- Provision Handelsvertreter: 3 % vom Umsatz (in unserer Branche handelt es sich überwiegend um Handelsvertreter, die mehrere Firmen vertreten und damit den gesamten Büroartikelbedarf abdecken)

Mit freundlichen Grüßen

Kai Kruse

Info 2: Auszug aus dem Kompendium der Absatzpolitik

A

Kompendium der Absatzpolitik

Absatzorgane

Sowohl beim direkten als auch beim indirekten Absatz kann ein Industrieunternehmen auf verschiedene Absatzorgane zurückgreifen, deren wirtschaftliche und rechtliche Stellung stark differiert. Im Folgenden sollen die beiden Absatzorgane Reisende und Handelsvertreter näher beschrieben werden.

Gemäß § 59 HGB ist der Reisende ein kaufmännischer Angestellter (Handlungsgehilfe), der damit betraut ist, außerhalb des Unternehmens Geschäfte im Namen und für Rechnung seines Arbeitgebers zu vermitteln oder abzuschließen. Er wird somit in fremdem Namen und auf fremde Rechnung tätig.

Die rechtliche Grundlage bildet der Arbeitsvertrag (Dienstvertrag). Da der Reisende fest angestellt ist, bezieht er meist ein festes Gehalt. Über das Festgehalt (Fixum) hinaus erhält er eine Provision, die sich nach der Höhe seiner Geschäftsabschlüsse richtet, sowie Spesen für Übernachtungen, Verpflegung etc. Als kaufmännischer Angestellter erhält er auch sämtliche betrieblichen Sozialleistungen. Das Verhältnis von Festgehalt und Umsatzprovision ist von Unternehmen zu Unternehmen sehr unterschiedlich.

Der Reisende hat im Wesentlichen folgende Aufgaben:

- Geschäfte abschließen
- neue Kunden hinzugewinnen (Akquise potenzieller Kunden)
- vorhandene Kunden betreuen
- Reiseberichte erstellen (Informationen über Markt, Wettbewerber und Endkunden)

Meist treffen sich die Reisenden eines Unternehmens regelmäßig (z.B. einmal wöchentlich), um Erfahrungen auszutauschen und Verkaufsstrategien abzustimmen.

Der Handelsvertreter ist gemäß § 84 HGB ein selbstständiger Kaufmann, der ständig damit betraut ist, für ein anderes Unternehmen Geschäfte zu vermitteln oder abzuschließen. Er wird in fremdem Namen und für fremde Rechnung tätig. Handelsvertreter arbeiten meist für mehrere Unternehmen, deren Produkte jedoch nicht miteinander konkurrieren dürfen, sondern sich zweckmäßigerweise ergänzen sollten. Nicht selten vertritt der Handelsvertreter jedoch auch völlig unterschiedliche Produkte. Sein Aufgabengebiet ist weitestgehend mit dem des Reisenden identisch. Welche Aufgaben der Handelsvertreter dann konkret übernimmt, ist von der konkreten Ausgestaltung des Vertretervertrags abhängig.

Der Handelsvertreter kann im Wesentlichen seine Tätigkeit frei gestalten und seine Arbeitszeit selbst bestimmen. Als selbstständige Gewerbetreibende unterhalten Handelsvertreter eigene Büros. Sie müssen für die Geschäftskosten selbst aufkommen. Der Handelsvertreter erhält in der Regel eine vom Umsatz abhängige Provision. Ist er beauftragt, Kundenzahlungen entgegenzunehmen, erhält er zusätzlich eine Inkassoprovision. Darüber hinaus bekommt er eine besondere Vergütung, wenn er das Risiko für den Zahlungseingang bei Zielgeschäften übernimmt. Man spricht in diesem Zusammenhang von der Delkredereprovision. Des Weiteren hat er nach Beendigung des Vertragsverhältnisses einen Ausgleichsanspruch bis zur Höhe einer Jahresprovision an das Unternehmen, wenn dieses weiterhin mit Kunden Geschäfte abschließt, die der Handelsvertreter geworben hat.

Info 3: Tabellarischer Vergleich (Merkmale)

Kriterien	Frage	Reisender	Handelsvertreter
Rechtsstellung	Ist er Angestellter oder selbstständiger Kaufmann?		
Vertragsverhältnis	Welche Vertragsart liegt im jeweiligen Fall vor?		
Tätigkeit	Ist er im eigenen Namen und auf eigene Rechnung tätig?		
Dauer der Tätigkeit	Arbeitet er ständig oder nur ab und an für uns?		
Vergütung	Bekommt er ein Festgehalt und/oder eine Provision?		
Aufgaben	Welche Aufgaben sind von den beiden Absatzorganen konkret zu erledigen?		

Info 4: Tabellarischer Kostenvergleich

Umsatz je Monat	Kosten „Reisender“	Kosten „Handelsvertreter“	Reisender oder Handelsvertreter?
80.000 €			
100.000 €			
120.000 €			
140.000 €			
160.000 €			
180.000 €			

Info 5: Grafischer Kostenvergleich

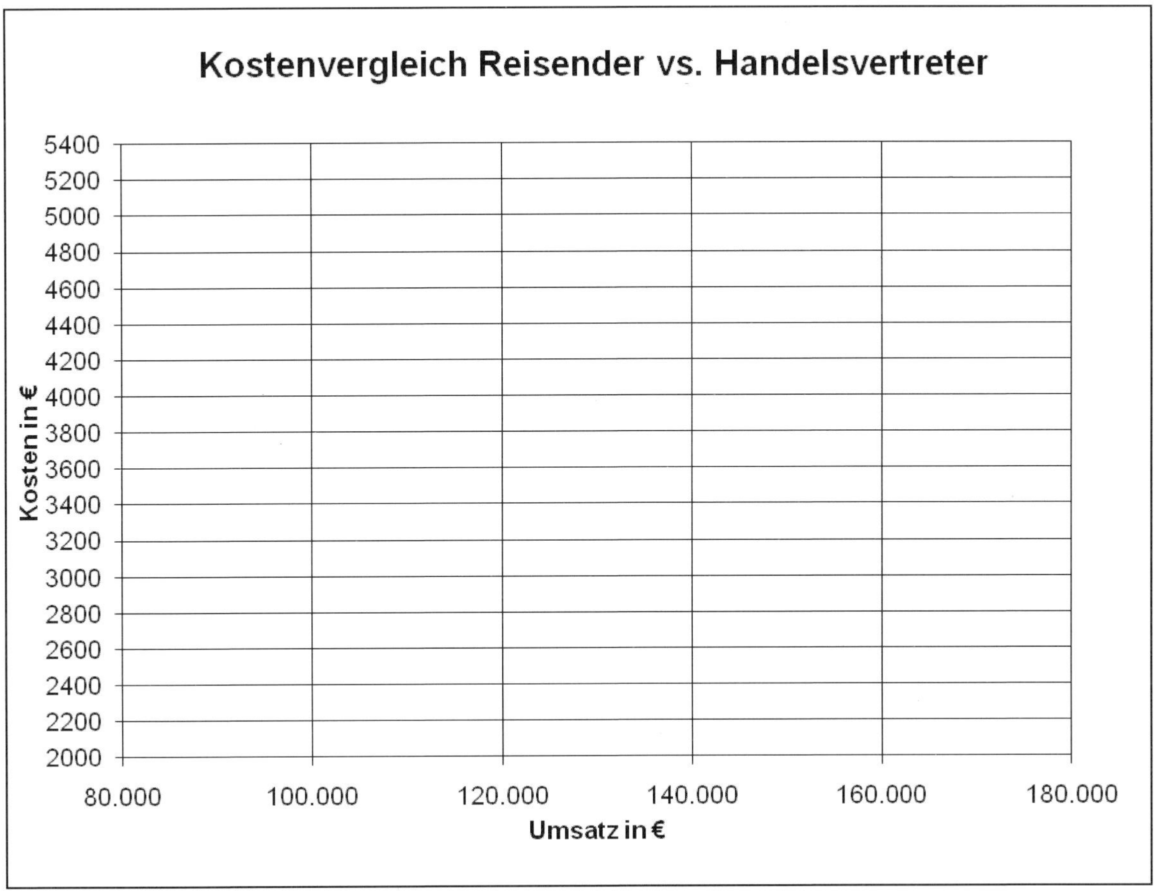

Bei ____________ Umsätzen ist der ____________________ dem ____________________ vorzuziehen. Bei niedrigen ____________ hingegen ist der ______________________ kostengünstiger als der ______________________.

Info 6: Entscheidungsformular

BüroTec GmbH - Entscheidung Reisender vs. Handelsvertreter

I. Quantitative Analyse (Kostenkalkulation)

	Reisender	Handelsvertreter
Monatliche Kosten je Absatzorgan bei einem Umsatz von monatlich _____________ Euro.		

Nebenrechnungen:

Entscheidung	

II. Qualitative Analyse (Punktwertverfahren)

Hinweise zur Durchführung des Punktwertverfahrens

Schritt 1: Gewichten Sie die aufgeführten Kriterien. Die Summe muss 100 ergeben.
Schritt 2: Bewerten Sie die Absatzorgane durch Vergabe von 0 bis 5 Punkten.
5 Punkte stehen hierbei für eine sehr positive Bewertung.
Schritt 3: Multiplizieren Sie die vergebenen Punkte mit der Gewichtung.
Schritt 4: Addieren Sie die unter Schritt 3 ermittelten Punkte zu einer Gesamtpunktzahl.

Kriterien	Gew.	Reisender		Handelsvertreter	
		Punkte	gew. Punkte	Punkte	gew. Punkte
Motivation					
Kontrolle des Absatzorgans					
Produkt- u. Firmenkenntnisse					
Übersicht über den Büroartikelmarkt					
Pflege des Kundenstamms					
	$\sum = 100$	Summe		Summe	

Entscheidung	

III. Verknüpfung der Ergebnisse aus I & II

Gesamtentscheidung	

Lernsituation 16 	**Eigen- oder Fremdlager nutzen**	**Absatz-prozesse**

Lernsituation:

Die BüroTec GmbH beabsichtigt, den Seminarbedarf (Pinnwände, Flipcharts etc.) über den Groß- und Einzelhandel in ganz Deutschland zu vertreiben. In Gesprächen hat sich herausgestellt, dass der Handel großes Interesse an kurzen Lieferzeiten hat, um die eigenen Lagervorräte nach Möglichkeit geringhalten zu können. Aus diesem Grund hat sich die Geschäftsleitung der BüroTec GmbH entschieden, auf ganz Deutschland verteilte Auslieferungslager einzurichten. Nun stellt sich die Frage, ob man auf die Dienste selbstständiger Lagerhalter zurückgreifen oder die Auslieferungslager in Eigenregie unterhalten soll.

Arbeitsaufträge:

1. Welcher grundsätzliche Vor- bzw. Nachteil ist mit mehreren dezentralen regionalen Auslieferungslagern im Vergleich zu einem Zentrallager verbunden?

Variante	Vorteil im Vergleich zum Zentrallager	Nachteil im Vergleich zum Zentrallager
Dezentrale Lager		

2. Vergleichen Sie die beiden Alternativen Eigen- und Fremdlager miteinander, indem Sie berechnen, welche Alternative bei dem einzulagerndem Lagervolumen bezogen auf einen Monat kostengünstiger ist (Info 1 und 2).

	Eigenlager	Fremdlager
Kosten pro Monat		

Nebenrechnungen

3. Bei dem benötigten Lagervolumen handelt es sich um eine Prognose. Prognosen beinhalten naturgemäß immer einen hohen Grad an Unsicherheit. So wird das Lagervolumen bei unerwartet guter Absatzentwicklung möglicherweise steigen. Führen Sie deshalb einen Kostenvergleich für verschiedene Lagervolumina durch (Info 3).
4. Bei welchem Lagervolumen sind die Kosten laut Tabelle für die beiden Alternativen gleich hoch?
5. Das Lagervolumen, bei dem die Kosten gleich hoch sind, wird kritisches Lagervolumen genannt. Es lässt sich nicht nur tabellarisch, sondern auch per Formel ermitteln. Stellen Sie die Formel auf und berechnen Sie auf diesem Weg das kritische Lagervolumen.
6. Stellen Sie den Kostenvergleich Eigenlager vs. Fremdlager grafisch dar. Schraffieren Sie die Bereiche, in denen das Eigen- bzw. das Fremdlager günstiger ist, und vervollständigen Sie den Merksatz (Info 4).
7. Wie würde Ihre Entscheidung ausfallen, wenn die Prognose für das benötigte Lagervolumen bei 2.000 m^3, Tendenz steigend, liegt und es sich hierbei um eine relativ sichere Prognose handeln würde?
8. Führen Sie weitere Kriterien an, die neben den Kosten bei der Entscheidung Eigenlager vs. Fremdlager zu berücksichtigen sind.

Qualitative Kriterien bei der Entscheidung Eigenlager vs. Fremdlager

⇨

9. Welche Kosten fallen bei der Lagerhaltung an? Nutzen Sie hierzu die Vorlage Info 5.
10. Führen Sie Beispiele für variable und fixe Lagerkosten an.

Variable Lagerkosten	Fixe Lagerkosten

11. Benennen Sie die Unterschiede zwischen der chaotischen Lagerhaltung und dem Festplatzsystem.
12. Was ist mit den beiden Lagerprinzipien FIFO und LIFO gemeint?
13. Vervollständigen Sie den Lückentext (Info 6).

Info 1: Interne Mitteilung

BüroTec GmbH

Interne Mitteilung

an: Herrn Bours

von: Kai Kruse
Abteilung: Marketing
Datum: 16.05.20..
Zeichen: kru

Unterhaltung Eigenlager

Gemäß unseren Berechnungen benötigen wir eine Lagerhalle, die ein Lagervolumen von 1.750 m^3 aufnehmen kann. Eine entsprechende Lagerhalle (Lagervolumen max. 3.000 m^3), wird im Gewerbegebiet München–Ost angeboten. Die Miete liegt bei 1.600,00 € je Monat.

Daten zum Eigenlager:

- Abschreibungen für Lagereinrichtung: 2.200,00 € je Monat
- Personalkosten für zwei Lagermitarbeiter: 2.380,00 € pro Mitarbeiter je Monat
- Versicherungskosten: 440,00 € je Monat
- Lagerhaltungskosten: 4,00 € je m^3 bezogen auf einen Monat

Mit freundlichen Grüßen

Kai Kruse

Info 2: E-Mail der Logistik Mischke KG

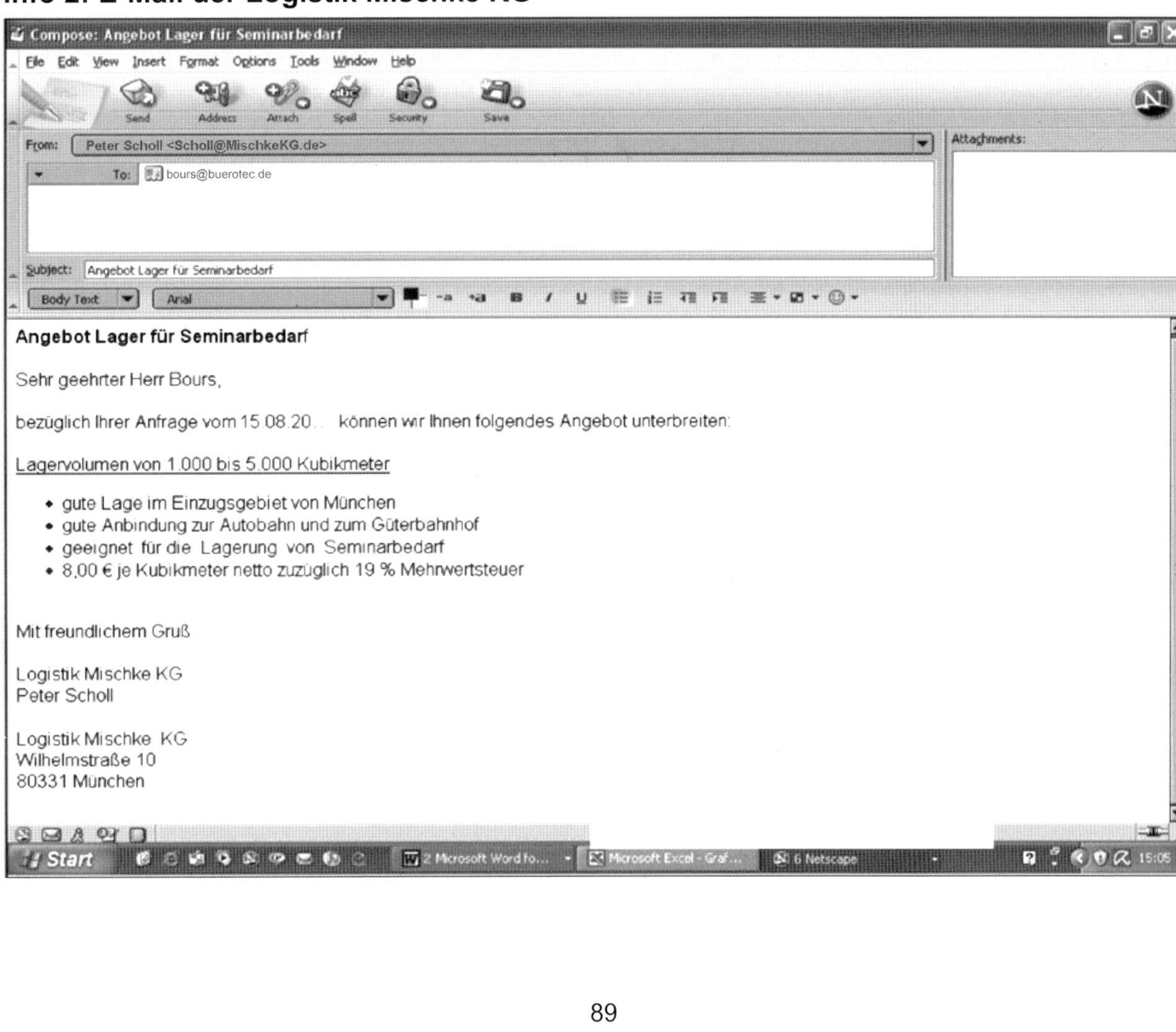
Compose: Angebot Lager für Seminarbedarf

From: Peter Scholl <Scholl@MischkeKG.de>

To: bours@buerotec.de

Subject: Angebot Lager für Seminarbedarf

Angebot Lager für Seminarbedarf

Sehr geehrter Herr Bours,

bezüglich Ihrer Anfrage vom 15.08.20.. können wir Ihnen folgendes Angebot unterbreiten:

Lagervolumen von 1.000 bis 5.000 Kubikmeter

- gute Lage im Einzugsgebiet von München
- gute Anbindung zur Autobahn und zum Güterbahnhof
- geeignet für die Lagerung von Seminarbedarf
- 8,00 € je Kubikmeter netto zuzüglich 19 % Mehrwertsteuer

Mit freundlichem Gruß

Logistik Mischke KG
Peter Scholl

Logistik Mischke KG
Wilhelmstraße 10
80331 München

12 Schmidthausen, Prause ISBN 978-3-8120-1023-8

Info 3: Tabellarischer Vergleich

Lagervolumen in m³	Kosten „Eigenlager"	Kosten „Fremdlager"	Eigenlager oder Fremdlager?
1.250			
1.500			
1.750			
2.000			
2.250			
2.500			
2.750			
3.000			

Info 4: Grafischer Vergleich

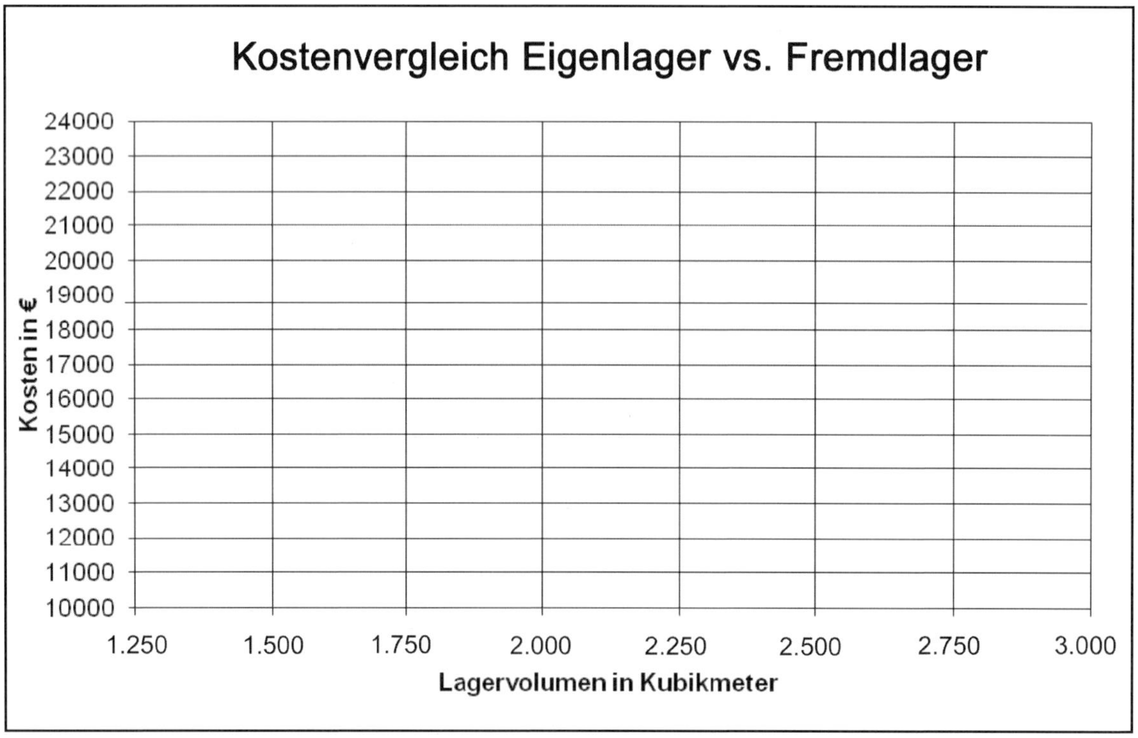

Bei einem ____________ Lagervolumen ist das ____________________ dem ____________________ vorzuziehen. Bei einem niedrigen ______________________ hingegen ist das __________________ kostengünstiger als das ________________.

Info 5: Übersicht Lagerkosten

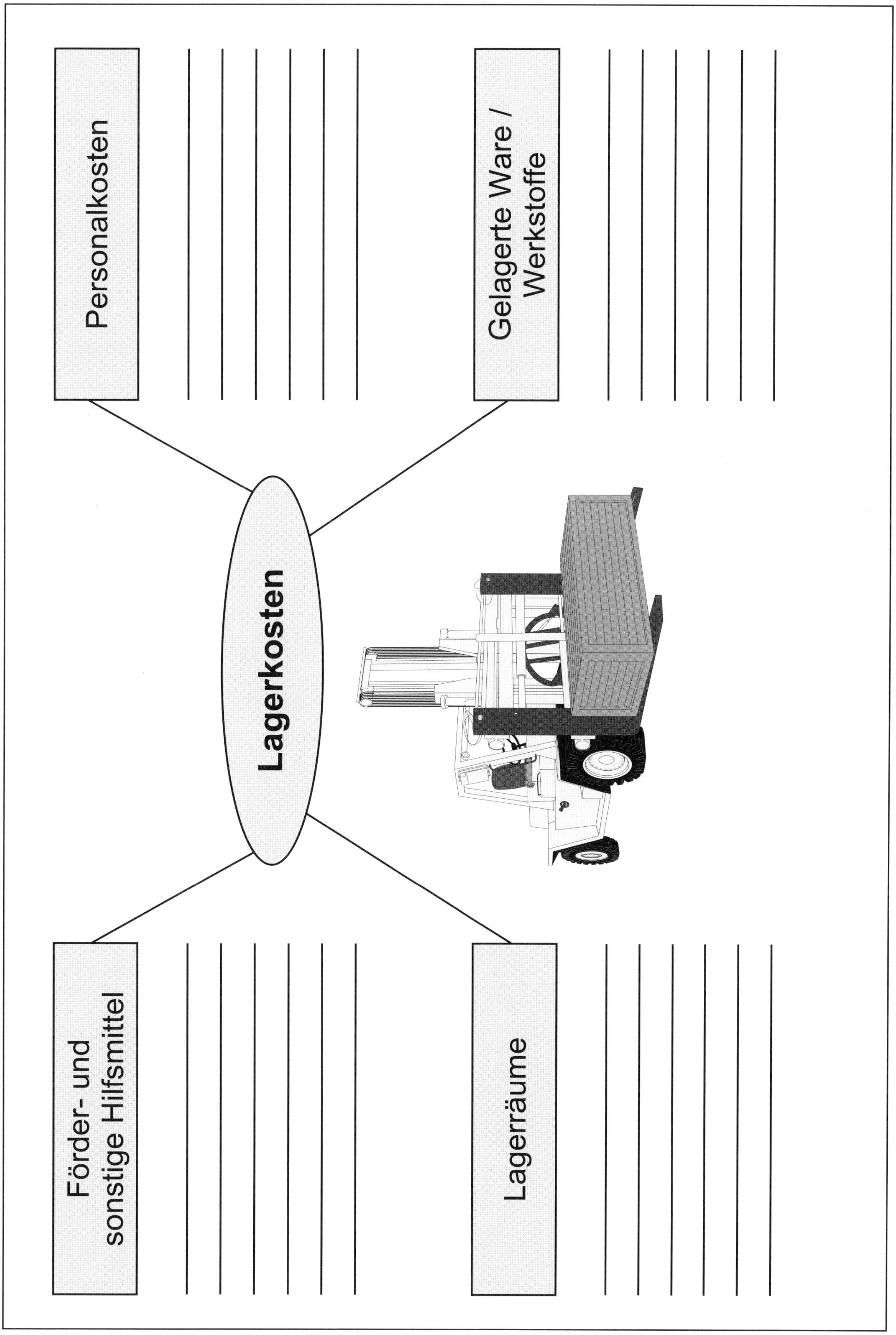

Info 6: Lückentext

Eigenlager vs. Fremdlager

Jedes Unternehmen muss die Entscheidung treffen, ob ein eigenes Lager unterhalten oder ob ein gewerblicher ____________ eingeschaltet wird. In letzterem Fall spricht man vom sogenannten ______________. Der Lagerhalter übernimmt die gewerbsmäßige _____________ von Gütern für andere. Er ist selbstständiger _____________ und nicht selten auch als ______________ und/oder Frachtführer tätig. Häufig finden sich derartige Logistik-Dienstleister in ___________ oder an anderen Orten mit großem ________________. Bei Einlagerung der Güter stellt der Lagerhalter einen ________________ aus. Hierdurch bestätigt der Lagerhalter, die Güter erhalten zu haben. Der Lagerschein ist somit als _____________ für die eingelagerte Ware zu sehen und berechtigt zudem zur ____________ der Güter. Der Lagerschein kann auch auf andere Personen als das einlagernde Unternehmen übertragen werden. Man spricht daher auch von einem _________________. Eigenlager sind nur bei einem hohen _____________ von Vorteil. Neben _________________ sprechen insbesondere folgende Aspekte für die Fremdlagerung: Lagerhalter verfügen meist über ______________________. Zudem besitzen sie das nötige ______________, was sämtliche Fragen der Lagerhaltung angeht. Nicht zuletzt trägt der Lagerhalter auch das ________________ für die eingelagerten Güter.

moderne Lagertechnik
Quittung
Lagerschein
Häfen
Fremdlager
Know-how
Lagerhalter
Güterumschlag
Lagervolumen
Kaufmann
Kostenvorteilen
Lagerung
Spediteur
Warenwertpapier
Lagerrisiko
Abholung

Lernsituation 17	Gütertransporte organisieren	Absatz-prozesse

Lernsituation:

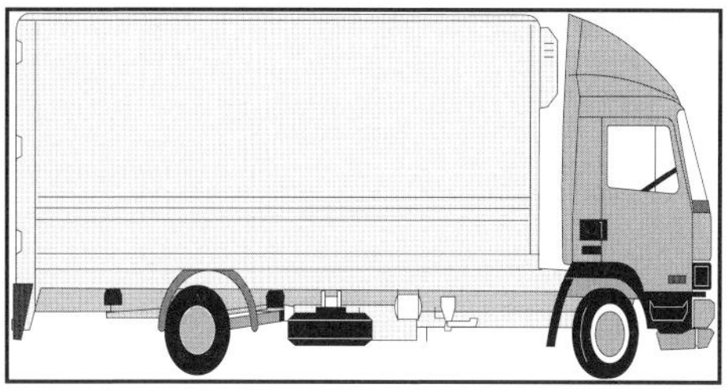

Nach intensiven Beratungen hat sich die Geschäftsführung der BüroTec GmbH hinsichtlich des neuen Auslieferungslagers in München für ein Fremdlager entschieden. Die Lagerung des Seminarbedarfs soll in die Hände der Mischke KG gelegt werden. Nun ist die Transportfrage zu klären. Aus diesem Grund telefoniert der Marketingleiter, Herr Bours, mit Herrn Bloch, dem zuständigen Mitarbeiter bei der AXO Logistik AG, der Hausspedition der BüroTec GmbH.

Herr Bours: Herr Bloch, wir wollen unseren Kunden möglichst kurze Lieferzeiten bieten. Daher soll der süddeutsche Raum zukünftig von München aus beliefert werden. Den Lieferservice von München zu den diversen Groß- und Einzelhändlern wird voraussichtlich der dortige Lagerhalter übernehmen. Die Frage ist nun, wie soll der Transport nach München organisiert werden?

Herr Bloch: Grundsätzlich stehen da mehrere Alternativen zur Auswahl.

Herr Bours: Vor einiger Zeit habe ich gelesen, dass das Binnenschiff eine kostengünstige Alternative darstellt.

Herr Bloch: Das ist zwar richtig, aber aufgrund der nicht vorhandenen Infrastruktur kommt das Binnenschiff in diesem Fall nicht infrage. Welche Mengen sollen denn wie oft versendet werden?

Herr Bours: Gemäß unserer Planungen wollen wir das Lager in München zweimal im Monat beliefern. Das jeweilige Ladegewicht wird ca. 9 t betragen.

Herr Bloch: Gut, ich denke, hier kommt eh nur der Lkw oder die Bahn infrage.

Herr Bours: Ist der Lkw denn nicht immer kostengünstiger?

Herr Bloch: Nicht unbedingt. Und abgesehen davon, spielen auch noch andere Kriterien eine Rolle. Ich schlage vor, Sie schicken mir eine Auflistung mit allen Informationen, die für mich wichtig sind, und ich unterbreite Ihnen Ende der Woche einen entsprechenden Vorschlag.

Herr Bours: Gut, Herr Bloch. Ich schicke Ihnen noch heute die benötigten Informationen.

Herr Bloch: Gut, Herr Bours. Dann bis Freitag.

Arbeitsaufträge:

1. Erläutern Sie, aus welchen Gründen im vorliegenden Fall außer dem Lkw und der Bahn keine anderen Transportalternativen infrage kommen. Nutzen Sie hierzu Info 5 und 6.
2. Führen Sie Kriterien an, die bei der Entscheidung über das einzusetzende Verkehrsmittel von Bedeutung sind. Nutzen Sie hierzu Info 6.
3. Ermitteln Sie mithilfe von Info 1 bis 4 die monatlichen Kosten, die die beiden Verkehrsmittel Lkw und Bahn jeweils verursachen. Halten Sie das Ergebnis der quantitativen Analyse (Kostenkalkulation) auf dem Entscheidungsformular fest (Info 7).

4. Bei der Entscheidung Lkw vs. Bahn sind neben den Kosten auch andere Kriterien zu berücksichtigen. Unterbreiten Sie mithilfe der Nutzwertanalyse unter Berücksichtigung sämtlicher Kriterien einen begründeten Vorschlag, welche Transportalternative der BüroTec GmbH aus qualitativer Sicht empfohlen werden sollte (Info 7).
5. Treffen Sie anschließend eine Gesamtentscheidung, mit welchem Verkehrsmittel das Auslieferungslager in München beliefert werden soll.
6. Bestimmen Sie für die folgenden Fälle das geeignete Verkehrsmittel:

	Fälle	**Verkehrsmittel**
1	6.000 t Kies sollen kostengünstig von Passau nach Duisburg transportiert werden.	
2	Unterhaltungselektronik in 200 Containern soll von Hamburg nach Kapstadt verschickt werden.	
3	9.000 t Getreide sollen von Augsburg nach Berlin gebracht werden.	
4	Dringend benötigte Ersatzteile (80 kg) sollen von Rotterdam nach New York transportiert werden.	
5	2.000 t Steine sollen von Frankfurt nach Erfurt transportiert werden	
6	Lebensmittel (20 t) sollen von Berlin nach Dortmund gebracht werden.	
7	Bekleidung soll in 100 Containern von Shanghai nach Rotterdam transportiert werden.	
8	Rosen (850 kg) sollen von Mailand nach Düsseldorf transportiert werden.	
9	3.000 t chemische Erzeugnisse sollen von Karlsruhe nach Bonn transportiert werden.	
10	Computerzubehör (250 kg) soll von Duisburg nach Hamburg verschickt werden.	

7. Am 05. Januar 2005 wurde in der Bundesrepublik Deutschland eine entfernungsabhängige Lkw-Maut eingeführt. Nennen Sie mithilfe des folgenden Informationsmaterials Gründe für diese Maßnahme.

Externe Kosten des Güterverkehrs in Deutschland

- Der **Güterverkehr in Deutschland** verursachte 2005 externe Kosten in Höhe von rund 17,12 Mrd. Euro.
- Der **Straßengüterverkehr** verursachte mit einem Anteil von 93 % die mit Abstand höchsten externen Kosten.
- Die **Schiene** und das **Binnenschiff** haben lediglich einen Anteil von 5 % bzw. 2 %.

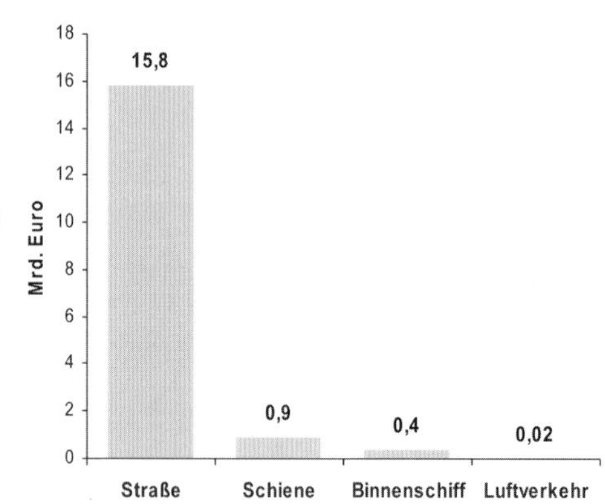

Quelle: Infras 2007, Datierung 2005

Quelle: Externe Kosten des Verkehrs – gerecht verteilen, herausgegeben vom VDB, Berlin 2008

Externe Verkehrskosten nach Kostenkategorien

- Die ungedeckten **Unfallkosten** sind für 52 % aller externen Verkehrskosten verantwortlich. Der Anteil des Straßenverkehrs daran beträgt 99,80 %!
- Rund 14 % der externen Verkehrskosten werden durch **Klimakosten** herbeigeführt. Die „optimale Schätzung" der Klimakosten ist sehr schwierig und wird wissenschaftlich kontrovers diskutiert.
- Die Folgen von **Lärmbelastungen** verursachen rund 12 % der externen Kosten. Dazu trägt der Straßenverkehr am meisten bei, gefolgt vom Schienen- und Luftverkehr.
- Die Kosten der **Luftverschmutzung** haben einen Anteil von 9,5 % an den externen Verkehrskosten. Darin enthalten sind unter anderem Gesundheitskosten, Gebäudeschäden und Schäden an der Biosphäre.
- Die Kosten für Verbrauch und Renaturierung von **Natur und Landschaft** sind für knapp 4 % der externen Verkehrskosten verantwortlich.
- Neben diesen Kostenkategorien tragen auch **Vor- und nachgelagerte Prozesse** (6,8 %) sowie **Zusatzkosten in städtischen Räumen** (1,7 %) zu den externen Verkehrskosten bei.

Quelle: Externe Kosten des Verkehrs – gerecht verteilen, herausgegeben vom VDB, Berlin 2008

8. Vervollständigen Sie zum Abschluss des absatzpolitischen Instruments Distributionspolitik folgenden Lückentext:

Entscheidungen im Rahmen der Distributionspolitik

Im Rahmen der Distributionspolitik sind zunächst Entscheidungen bezüglich der ________________, der ________________ und der Absatzorganisation zu treffen. Bezüglich der Absatzwege ist festzulegen, ob die Erzeugnisse ___________ oder ___________ abgesetzt werden sollen. Im nächsten Schritt müssen die ________________ bestimmt werden, mit denen die Erzeugnisse vertrieben werden sollen. Zu den unternehmenseigenen Absatzorganen zählen unter anderem die ________________ und die ________________. Unternehmensfremde Absatzorgane sind z.B. der ________________, der ________________ und der ________________. Wird der Absatz ausschließlich vom Stammsitz aus getätigt, spricht man von einer ________________ ________________________. Werden Reisende, Handelsvertreter etc. eingesetzt, ist von der ________________ ________________ die Rede. Im Rahmen der Absatzlogistik als weiterem Teilaspekt der Distributionspolitik ist zum einen zu klären, ob ein ________________ betrieben werden soll oder ob ein ________________ ________________ eingeschaltet wird. Zum anderen muss entschieden werden, ob die Kunden von einem ______________ Lager aus oder von mehreren ________________ Lagern beliefert werden sollen. Darüber hinaus ist eine Entscheidung darüber zu treffen, mit welchem ________________ die Gütertransporte durchgeführt werden sollen. Hierbei sind neben den ______________________ auch weitere Kriterien, wie z.B. ____________________, __________________________ oder __________________________ von Bedeutung.

Info 1: E-Mail an die AXO Logistik AG

Compose: Transportalternativen

From: Bours@Buerotec.de

To: bloch@AXOLogistik.de

Subject: Transportalternativen

Sehr geehrter Herr Bloch,

hier die gewünschten Informationen über das Auslieferungslager in München:

- der Seminarbedarf (Moderationskoffer mit Stiften und Karten, Pinnwände, Flipcharts, Verbrauchsmaterial etc.) soll in Kartons verpackt und auf 30 EUR-Paletten gestapelt werden (1,20 m Länge x 0,80 m Breite x 1,60 Höhe)
- das Gewicht je EUR-Palette wird 320 kg betragen
- der Warenwert beträgt 450.000,00 € je Lieferung
- es soll eine Warentransportversicherung abgeschlossen werden
- die BüroTec GmbH befindet sich in ca. 15 km Entfernung vom Güterbahnhof Duisburg
- die Entfernung zwischen dem Firmensitz in Moers und dem Auslieferungslager in München beträgt 670 Straßen- bzw. Schienenkilometer
- das Auslieferungslager der Mischke KG liegt ca. 55 km vom Güterbahnhof München-Riehm (im Süd-Osten Münchens gelegen) entfernt
- die BüroTec GmbH strebt eine 100 %ige Lieferfähigkeit an, daher soll das Auslieferungslager regelmäßig 2 x pro Monat beliefert werden
- bei unerwartet hoher Nachfrage sollen kurzfristig weitere Lieferungen zum Auslieferungslager mit dem gleichen Ladegewicht möglich sein
- in den Produktkatalogen der BüroTec GmbH wird auch die Umweltverträglichkeit der Produkte hervorgehoben

Mit freundlichem Gruß

BüroTec GmbH

i.A. Holger Bours

Info 2: Prämienliste Warentransportversicherung

Warentransportversicherung Lkw & Bahn

KRAVAG Versicherungen

Prämienliste 20.. (innerhalb Deutschlands)

Güterklasse I	Allgemeines Speditionsgut mit Ausnahme von Güterklasse II, III und IV	0,70 Promille (‰) vom Warenwert
Güterklasse II	Haushaltsgeräte, Medizinische Geräte, Medikamente, Parfüm und Kosmetica	1,20 Promille (‰) vom Warenwert
Güterklasse III	Artikel aus Glas, Porzellan, Keramik, TV-Geräte, PCs, Kameras etc.	1,85 Promille (‰) vom Warenwert
Güterklasse IV	Geld, Schmuck, Edelmetalle, Waffen, Kunstgegenstände, Munition, Umzugsgut, Antiquitäten und Dokumente	keine Versicherung möglich

Info 3: Preisliste Lkw inkl. Maut-Gebühr

AXO LOGISTIK AG

Preisliste 20.. – Gütertransport per Lkw (Auszug, ohne USt)

Frachtkosten in € je t	Gewicht der Sendung ab						
Entfernung in km bis	8 t	9 t	10 t	11 t	12 t	13 t	14 t
100	36,06	32,84	30,25	28,13	26,36	24,85	23,54
200	58,75	53,44	49,18	45,69	42,77	40,29	38,16
300	73,78	67,16	61,85	57,50	53,87	50,79	48,14
400	88,70	80,67	74,23	68,96	64,56	60,82	57,62
500	100,31	91,20	83,91	77,93	72,94	68,71	65,08
600	111,91	101,73	93,58	86,90	81,33	76,60	72,55
700	152,02	137,57	126,00	116,53	108,63	101,94	96,19
800	168,17	152,14	139,31	128,80	120,04	112,62	106,25
900	184,32	185,12	152,62	141,08	131,46	123,31	116,31
1.000	200,47	181,28	165,93	153,36	142,88	133,99	126,32

- Die Preise verstehen sich inklusive speditioneller Bearbeitung.
- Der Lkw kann maximal 34 EUR-Paletten laden.
- Der aktuelle Dieselzuschlag beträgt 4 % der oben aufgeführten Frachtkosten.
- Die Lieferzeit ist abhängig von der Entfernung sowie den Lenk- und Ruhezeiten und beträgt beispielsweise für die Relation Duisburg / München ca. 13 Stunden.
- Der Transport muss mindestens 1 Tag im Voraus angemeldet werden.

Lkw-Maut – Gebühren-Tabelle 20.. (Auszug)

Tabelle für Ladungen über 3.000 kg frachtpflichtiges Gewicht

Mautgebühren in €						
Gewicht (kg)	Zone 4 (km) 301 bis 400	Zone 5 (km) 401 bis 500	Zone 6 (km) 501 bis 600	Zone 7 (km) 601 bis 700	Zone 8 (km) 701 bis 800	Zone 9 (km) 801 bis 900
6.001 bis 7.000	26,33	33,87	41,41	48,95	56,49	64,03
7.001 bis 8.000	30,38	39,08	47,78	56,48	65,18	73,88
8.001 bis 9.000	34,43	44,29	54,15	64,01	73,87	83,73
9.001 bis 10.000	38,48	49,50	60,52	71,54	82,56	93,58
10.001 bis 11.000	42,53	54,71	66,89	79,07	91,25	103,43
11.001 bis 12.000	46,58	59,92	73,26	86,60	99,94	113,28

Information:

Seit 01.01.2005 werden für Gütertransporte per Lkw Mautgebühren fällig, die vom Kunden zu tragen sind. Mautpflichtig ist die Benutzung deutscher Autobahnen sowie einiger ausgewiesener Bundesstraßen. Die Mautgebühren sind insbesondere von der Anzahl der Achsen, der Schadstoffklassen und den mautpflichtigen Kilometern für den Gütertransport abhängig.

13 Schmidthausen, Prause ISBN 978-3-8120-1023-8

Info 4: Preisliste Bahn

DB SCHENKER

Allgemeine Preisliste der Bahn 20.. (Auszug, ohne USt)

Entfernung in km	Preise je Sendungsgewicht in kg in €				
	bis 13.500	bis 17.500	bis 21.500	bis 25.500	bis 30.500
bis 100	480	480	490	550	618
bis 200	600	640	720	810	905
bis 300	720	830	940	1.500	1.200
bis 400	875	1.010	1.150	1.280	1.430
bis 500	980	1.130	1.290	1.430	1.608
bis 600	1.090	1.260	1.430	1.600	1.790
bis 700	1.200	1.385	1.570	1.750	1.960
bis 800	1.270	1.460	1.650	1.850	2.070
bis 900	1.320	1.520	1.730	1.930	2.160
bis 1.000	1.380	1.590	1.810	2.020	2.260

- Der Waggon kann maximal 31 EUR-Paletten laden.
- Die Lieferzeit ist abhängig von der Entfernung und dem Rangieraufwand und beträgt beispielsweise für die Relation Duisburg / München ca. 19 Stunden.
- Der Transport muss mindestens 2 Tage im Voraus angemeldet werden.
- Für die Abholung vom Versender zum Güterbahnhof des Versenders (Vorlauf) und die Zustellung vom Güterbahnhof des Empfängers bis zum Empfänger per Lkw (Nachlauf) gelten unabhängig vom Ladegewicht folgende Preise:

Abholung		Zustellung	
bis 40 km	bis 120 km	bis 40 km	bis 120 km
120 €	160 €	120 €	160 €

Info 5: Binnenwasserstraßen in Deutschland

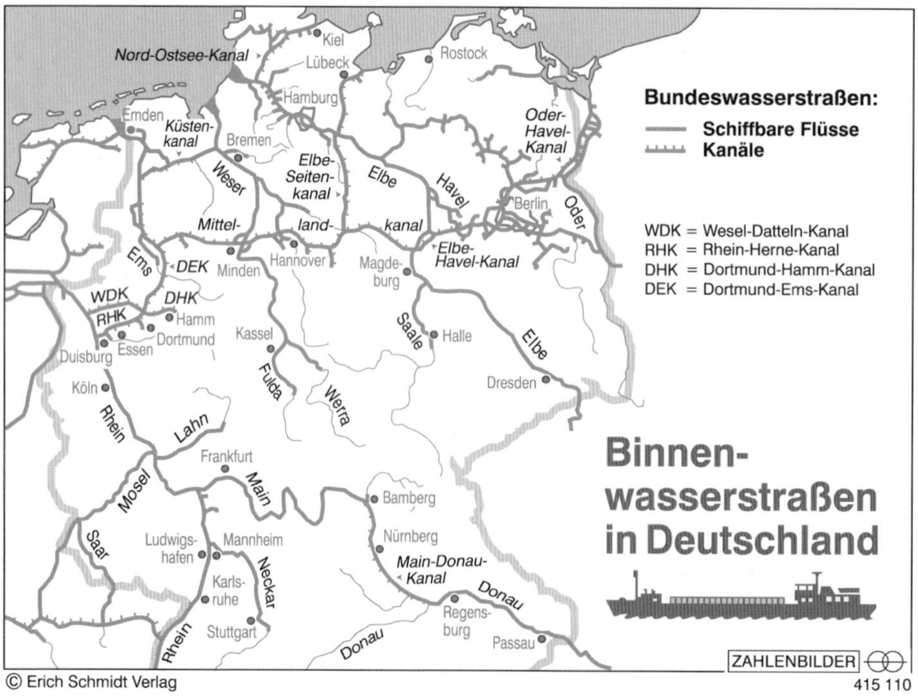

 415 110

Info 6: Auszug aus dem ABC der Logistik

G

ABC der Logistik

Gütertransporte

Wird der Gütertransport mit eigenen Verkehrsmitteln, meistens der Lkw, durchgeführt, spricht man vom Werkverkehr. Beauftragt man hingegen einen Spediteur mit der Organisation des Transports, ist vom gewerblichen Güterkraftverkehr die Rede.

Mit dem **Lkw** werden insbesondere Stückgüter, z.B. Kisten oder andere Behälter, auf Paletten, im Sammelladungsverkehr oder als Teil- bzw. Komplettladung transportiert. Beim Sammelgutverkehr werden kleinere Einzelsendungen (meist bis zu 3.000 kg) von mehreren Versendern zu einer Sammelladung zusammengefasst. Aufgrund des dichten Straßennetzes kann man mit dem Lkw jeden gewünschten Ort erreichen. Mit dem Lkw ist ein Haus-Haus-Verkehr möglich. Die Güter müssen nicht, wie bei den anderen Transportalternativen umgeladen werden. Die Transportzeiten beim Gütertransport per Lkw sind insbesondere im Nahverkehr wesentlich niedriger als bei den anderen Transportalternativen. Auch ist man nicht an etwaige Fahrpläne gebunden. Dagegen macht das vom Gesetzgeber festgelegte zulässige Gesamtgewicht von 40 t (= Nutzlast von ca. 25 t) den Lkw ungeeignet für Massengüter. Auch ergeben sich Einschränkungen aufgrund der Abmessungen eines Lkw. Zudem stellen die Witterungsverhältnisse im Winter (insbesondere im Süden Deutschlands) ein großes Problem dar, was die Pünktlichkeit und die Schadensanfälligkeit angeht. Darüber hinaus ist der Energieverbrauch doppelt so hoch wie bei der Bahn.

Die **Bahn** ist sowohl für Stückgüter, Massengüter, Schüttgüter als auch für Gefahrgüter geeignet. Die Ladekapazität eines Waggons ist mit ca. 26 bis 55 t Nutzlast höher als beim Lkw. Daher eignet sich die Bahn im Vergleich zum Lkw auch für schwerere Güter. Zudem können mehrere Waggons aneinander gehängt werden. Das Schadensrisiko ist trotz der zusätzlichen Umladevorgänge im Vergleich zum Lkw relativ gering. Die Transportzeiten im Vergleich zum Binnenschiff sind kürzer, im Vergleich zum Lkw, insbesondere im Nahverkehr, wesentlich länger. Auf langen Strecken hingegen kann die Bahn im Vergleich zum Lkw durchaus konkurrenzfähig sein. Darüber hinaus ist die Bahn, was die Pünktlichkeit gegenüber dem Lkw angeht, im Vorteil. Da man jedoch an Fahrpläne gebunden ist, ist die Bahn nicht so flexibel wie der Lkw. Die Bahn ist an die Schiene gebunden. Da Versender und Empfänger von wenigen Ausnahmen abgesehen nicht über ein Anschlussgleis verfügen, sind Vor- und Nachläufe zum bzw. vom Bahnhof nötig. Schwierige Witterungsverhältnisse sind auch für die Bahn nicht unproblematisch. Im Vergleich zum Lkw ist die Bahn hier jedoch im Vorteil.

Das **Binnenschiff** verkehrt auf Flüssen, Kanälen und Seen. Es ist das ideale Transportmittel für Massengüter, wie z.B. Kohle, Erze, Sand, Kies, Holz und Getreide, da die Ladekapazität in Abhängigkeit vom Schiffstyp sehr groß ist. Werden beispielsweise Schubboote verwendet, können bis zu 16.000 t befördert werden. Da der Transport sehr sicher ist, können auch Gefahrgüter transportiert werden. Auch für sehr schwere und sperrige Güter ist das Binnenschiff geeignet, da es über große Laderäume verfügt oder die Güter auf Deck befördern kann. Zudem wird die Beförderung von Containern immer bedeutsamer. Der niedrige Energieverbrauch führt zu niedrigen Transportkosten und schont zudem die Umwelt. Darüber hinaus ist der Transport sehr sicher. Allerdings sind die Transportzeiten sehr lang, weil die Geschwindigkeit von Binnenschiffen sehr gering ist und die Eigenheiten der Wasserwege (z.B. Hoch- und Niedrigwasser) zu weiteren Verzögerungen führen können. Ein weiterer Nachteil ist darin zu sehen, dass die Binnenschiffer meist nur sehr große Mengen transportieren wollen. Außerdem ist die Zahl der befahrbaren Flüsse und Kanäle verhältnismäßig gering. Zudem sind Umladungen nötig, da ein Haus-Haus-Verkehr eher selten möglich ist.

Das **Seeschiff** ist die einzige Transportmöglichkeit für große Gütermengen im Überseebereich. Aufgrund der großen Ladekapazität ist es in der Lage, bis zu 6.000 Container aufzunehmen. Containerschiffe verkehren regelmäßig zwischen den großen See-Handelszentren der Welt. Das Seeschiff eignet sich insbesondere für Güter, die in Containern verpackt werden können, für Kühlgüter sowie für Güter mit größerem Gewicht und größeren Abmessungen. Verglichen mit anderen Verkehrsmitteln ist der Transport per Seeschiff aufgrund des geringen Energieverbrauchs sehr kostengünstig. Allerdings sind die Transportzeiten aufgrund der geringen Geschwindigkeit sehr hoch. Zudem erfordern die Belastungen einer Seereise eine aufwendigere Transportverpackung als z.B. bei einem Lufttransport.

Das **Flugzeug** ist wegen der hohen Fluggeschwindigkeit in ganz besonderer Weise für den Transport von kleinen, hochwertigen, eiligen Sendungen oder leicht verderblichen Gütern geeignet. Weltweit existiert ein dichtes Netz an Luftverkehrslinien. Zudem bietet das Flugzeug ein hohes Maß an Sicherheit und Zuverlässigkeit. Der wichtigste Nachteil sind die im Vergleich zu anderen Verkehrsmitteln deutlich höheren Transportkosten. Außerdem haben Flugzeuge eine begrenzte Zulademöglichkeit. Auch ist die Lärm- und Abgasbelastung recht hoch.

Info 7: Entscheidungsformular

BüroTec GmbH - Verkehrsmittelentscheidung bei Gütertransporten

I. Quantitative Analyse (Kostenkalkulation)

Ausgangsbasis	Lkw	Bahn inkl. Zustellung & Abholung
Kosten pro Monat bei ___ maliger Anlieferung und einem Sendungsgewicht von jeweils ___ t.		

Nebenrechnungen:

Entscheidung	

II. Qualitative Analyse (Punktwertverfahren)

Hinweise zur Durchführung des Punktwertverfahrens

Schritt 1: Gewichten Sie die aufgeführten Kriterien. Die Summe muss 100 ergeben.
Schritt 2: Bewerten Sie die Absatzorgane durch Vergabe von 0 bis 5 Punkten.
5 Punkte stehen hierbei für eine sehr positive Bewertung.
Schritt 3: Multiplizieren Sie die vergebenen Punkte mit der Gewichtung.
Schritt 4: Addieren Sie die unter Schritt 3 ermittelten Punkte zu einer Gesamtpunktzahl.

Kriterien	Gew.	Lkw		Bahn	
		Punkte	gew. Punkte	Punkte	gew. Punkte
Transportdauer					
Pünktlichkeit					
Flexibilität					
Schadensrisiko					
Abhängigkeit von der Witterung					
Umweltverträglichkeit					
	$\sum = 100$	Summe		Summe	

Entscheidung	

III. Verknüpfung der Ergebnisse aus I & II

Gesamtentscheidung	

Lernsituation 18 	Absatzcontrolling einführen	Absatz-prozesse

Absatzcontrolling einführen

Lernsituation:

Herr Mischke, kaufmännischer Leiter der BüroTec GmbH, und Herr Gräff, Leiter der Auftragsbearbeitung, betreten gemeinsam das Büro von Herrn Bours, dem Leiter der Abteilung Marketing.

Herr Mischke: Guten Morgen, Herr Bours. Herr Gräff hat mir gerade die Absatzzahlen für das abgelaufene Geschäftsjahr auf den Tisch gelegt. Absolut besorgniserregend, kann ich Ihnen sagen.

Herr Bours: Wie stark ist denn der Umsatzrückgang?

Herr Mischke: Nun, nach den mir vorliegenden Unterlagen ist der Umsatz um über 10 % eingebrochen.

Herr Gräff: Und das trotz der guten konjunkturellen Lage, in der wir uns seit gut zwei Jahren befinden.

Herr Bours: Welche Produkte sind denn besonders betroffen?

Herr Gräff: Das lässt sich anhand der Unterlagen leider nicht sagen. Wie mir Herr Schön aus dem Rechnungswesen mitgeteilt hat, liegen produktbezogene Zahlenwerte nicht vor.

Herr Bours schüttelt verwundert den Kopf.

Herr Mischke: Haben wir denn irgendwelche Anhaltspunkte, worauf unsere Probleme zurückzuführen sind?

Herr Gräff: Frau Meier, eine meiner Mitarbeiterinnen, sagte vor einigen Wochen beiläufig, sie habe den Eindruck, die Kundenreklamationen häuften sich in letzter Zeit.

Herr Mischke: Was heißt denn das: „Sie hat den Eindruck ..."?

Herr Gräff: Nun, soweit ich weiß, führen wir schon seit Jahren keine Reklamationsstatistiken mehr. Oder haben Sie andere Informationen, Herr Mischke?

Herr Mischke: Nein, Sie haben Recht. Aus Kostengründen ist in den letzten Jahren einiges auf der Strecke geblieben.

Herr Bours: Meine Herren, so geht das nicht weiter. Wir müssen uns was einfallen lassen.

Arbeitsaufträge:

1. Die BüroTec GmbH hat sich im Rahmen des Absatzcontrollings dazu entschieden, ein Kennzahlensystem zu entwickeln. Hierbei sind insbesondere Kennzahlen ausgewählt worden, die im Zusammenhang mit den oben angeführten Problemen bedeutsam erscheinen. Ermitteln Sie unter Zuhilfenahme von Info 1 und 2 sowohl für das abgelaufene Geschäftsjahr (Jahr 02) als auch für das Vorjahr (Jahr 01) die im folgenden Kennzahlencockpit aufgeführten Kennzahlen. Bitte runden Sie auf zwei Stellen hinter dem Komma. Interpretieren Sie anschließend das Ergebnis im Rahmen eines Gesamtfazits.

Kennzahlencockpit (interner Vergleich)

Umsatz	Jahr 01	Jahr 02	Ergebnis in %	Fazit[1]
Umsatz (gesamt)				
Produktgruppe Schreibtische				
Produktgruppe Büroschränke				
Produktgruppe Bürostühle				
Schreibtisch Standard				
Schreibtisch Deluxe				
Büroschrank Standard				
Büroschrank Deluxe				
Bürostuhl Standard				
Bürostuhl Deluxe				
Marktanteil in %	**Jahr 01**	**Jahr 02**	**Ergebnis in %**	**Fazit[1]**
Marktanteil (gesamt)				
Produktgruppe Schreibtische				
Produktgruppe Büroschränke				
Produktgruppe Bürostühle				
Sonstige	**Jahr 01**	**Jahr 02**	**Ergebnis in %**	**Fazit[1]**
Reklamationsquote in %				
Lieferfähigkeit in %				
Kundenzufriedenheit in %				

1 ↑ = positive Entwicklung / ↔ = relativ konstante Entwicklung / ↓ = negative Entwicklung

Gesamtfazit	

2. Vergleichen Sie nun anhand der zur Verfügung stehenden Kennzahlen die Ergebnisse der BüroTec GmbH mit den Durchschnittswerten der Büromöbelbranche. Interpretieren Sie auch hier das Ergebnis im Rahmen eines Gesamtfazits.

Kennzahlencockpit (Vergleich mit der Branche)

Umsatz	Branche 02[1]	BüroTec GmbH[1]	Ergebnis[3]
Umsatz (gesamt)			
Produktgruppe Schreibtische			
Produktgruppe Büroschränke			
Produktgruppe Bürostühle			
Sonstige	**Branche 02[2]**	**BüroTec GmbH[2]**	**Ergebnis[3]**
Reklamationsquote			
Lieferfähigkeit			
Kundenzufriedenheit			

Fazit	

1 im Vergleich zum Vorjahr 01 in %
2 Ergebnis im aktuellen Geschäftsjahr 02
3 1 bis 5 Punkte = sehr schlechtes bis sehr gutes Ergebnis

3. Ist das von der Abteilung Rechnungswesen bereitgestellte Zahlenmaterial ausreichend oder würden Sie sich weitere Zahlen wünschen, um eine fundierte Analyse durchführen zu können?

4. Wie sollte die BüroTec GmbH bei dem vorliegenden Ergebnis reagieren?

5. Worauf könnten die Ergebnisse in der Produktgruppe Bürostühle zurückzuführen sein?

6. Nehmen Sie an, die negative Entwicklung ist auf mangelnde Qualität und ein hierauf zurückzuführendes schlechtes Unternehmensimage zurückzuführen. Schlagen Sie konkrete Gegenmaßnahmen vor, die die Situation positiv beeinflussen.

7. Die BüroTec GmbH hat bei der Umsetzung des Controlling-Gedankens zum einen aktuelle Werte mit Werten aus der Vergangenheit verglichen und zum anderen einen Branchenvergleich durchgeführt. Wie sollte die BüroTec GmbH zukünftig verfahren, um dem Controlling-Aspekt der Lenkung und Steuerung noch stärker Rechnung zu tragen?

8. Warum ist ein umfassender Branchenvergleich häufig nur schwer zu bewerkstelligen?

9. Stellen Sie einen möglichen Bezug zwischen Reklamationsquote und Kundenzufriedenheit her.

10. Beschreiben Sie mithilfe der folgenden Übersicht den Prozess des Absatzcontrollings anhand von Kennzahlen (Info 2).

Prozess des Absatzcontrollings

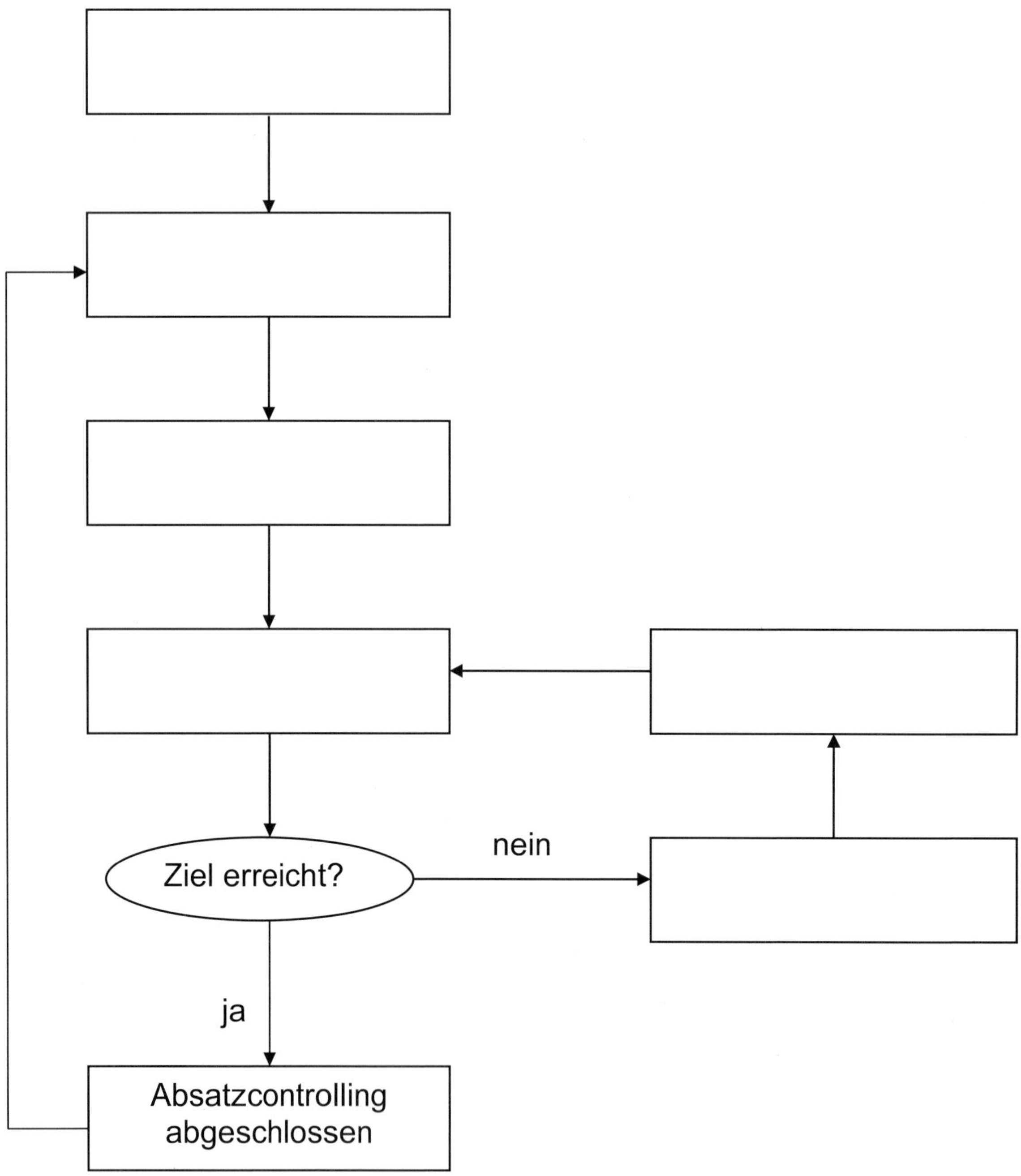

Info 1: Interne Mitteilungen

BüroTec GmbH

Interne Mitteilung

an: Herrn Bours

von: Jan Klein
Abteilung: RW
Datum: 30.12.20..
Zeichen: kl

Informationen I: Absatz

Modelle	Absatzmenge Geschäftsjahr 01	Absatzmenge Geschäftsjahr 02	Verkaufs-preise in €
Schreibtisch Standard	12.200	13.100	540,00
Schreibtisch Deluxe	1.980	2.250	1.020,00
Büroschrank Standard	15.500	16.280	400,00
Büroschrank Deluxe	4.600	5.025	760,00
Bürostuhl Standard	8.000	3.300	350,00
Bürostuhl Deluxe	9.500	5.500	650,00

- Legende: Geschäftsjahr 01 = Vorjahr / Geschäftsjahr 02 = aktuelles Geschäftsjahr
- Die Verkaufspreise im aktuellen Geschäftsjahr sind im Vergleich zum Vorjahr konstant geblieben.

Informationen II: Reklamationen und Liefertermintreue

- Im Jahr 02 lagen 2.400 Bestellungen vor, 200 Bestellungen weniger als im Jahr 01. Im Vergleich zum Vorjahr, in dem 230 Bestellungen reklamiert wurden, ist die Zahl der Reklamationen im Jahr 02 um 10 gestiegen.
- Im Jahr 02 konnten 2.250 Bestellungen termingemäß ausgeliefert werden. Im Jahr 01 sind 150 Bestellungen mehr termingemäß ausgeliefert worden.

Informationen III: Kundenbefragung

Die von Ihnen in Auftrag gegebene Kundenbefragung zum Thema Kundenzufriedenheit in punkto Produktqualität, Lieferzeit und Service hat für das Jahr 02 folgendes Ergebnis ergeben:

Von 1.000 befragten Kunden waren

- 060 Kunden sehr zufrieden,
- 700 Kunden zufrieden,
- 090 Kunden weniger zufrieden und
- 150 Kunden nicht zufrieden

mit den Leistungen der BüroTec GmbH.

Informationen IV: Büromöbelbranche

Der Bundesverband der Büromöbelindustrie hat im Geschäftsbericht 02 folgende Zahlen veröffentlicht: In vergleichbaren mittelständischen Unternehmen liegt die Reklamationsquote bei durchschnittlich 7 %, die Lieferfähigkeitsquote bei 92 % und die Werberendite bei 20 %. Die Kundenzufriedenheit lag im Durchschnitt bei 85 %.

Der Gesamtumsatz auf dem Büromöbelmarkt, auch Marktvolumen genannt, liegt im Jahr 02 mit insgesamt 260.000.000,00 € um 20.000.000,00 € höher als im Jahr 01.

Hierbei entfällt im Jahr 02 auf die Produktgruppe Schreibtische 120.000.000,00 € (+ 10.000.000,00 € im Vergleich zum Vorjahr), auf die Produktgruppe Büroschränke 80.000.000,00 € (+ 5.000.000,00 € im Vergleich zum Vorjahr) und auf die Produktgruppe Bürostühle 60.000.000,00 € (+ 5.000.000,00 € im Vergleich zum Vorjahr).

14 Schmidthausen, Prause ISBN 978-3-8120-1023-8

Info 2: Auszug aus dem 1 x 1 der Absatzwirtschaft

A

1 x 1 der Absatzwirtschaft

Absatzcontrolling

Der Controlling-Begriff leitet sich vom englischen „to control" ab und kann mit Steuern, Lenken oder Kontrollieren übersetzt werden. Fälschlicherweise ist in vielen Köpfen die Vorstellung verankert, es handele sich um eine reine Kontrolltätigkeit. Der weitaus bedeutendere Aspekt der Unternehmenssteuerung wird vielfach vernachlässigt. Das Absatzcontrolling als Teilaspekt hat die Aufgabe, alle absatzpolitischen Entscheidungen zu optimieren.

Die Instrumente des Absatzcontrollings sind sehr umfangreich.[1] Ein wichtiges Instrument des Absatzcontrollings ist der Aufbau eines Kennzahlensystems. Anhand von Vergleichen mit Wettbewerbern, innerbetrieblichen Vergleichen mehrerer Geschäftsjahre oder auch zukunftsgerichteten Soll-Ist-Vergleichen lassen sich wertvolle Informationen für die Optimierung absatzpolitischer Entscheidungen ableiten.

Grundsätzlich steht dem Absatzcontrolling eine Vielzahl an Absatzkennzahlen zur Verfügung. Aus Gründen der Übersichtlichkeit und des Kosten-Nutzen-Verhältnisses sollte jedes Unternehmen ein unternehmensspezifisches Kennzahlensystem schaffen, das den individuellen Bedürfnissen und Möglichkeiten Rechnung trägt.

Im ersten Schritt sind die Kennzahlen festzulegen, die für das Unternehmen bedeutsam erscheinen. Ist dies geschehen, müssen im zweiten Schritt entsprechende Soll-Vorgaben formuliert werden. Anschließend ist die Ist-Situation zu erfassen. Der nun folgende Soll-Ist-Vergleich gibt Aufschluss darüber, ob die gesteckten Ziele erreicht wurden. Im Falle von Abweichungen ist es nötig, die Ursachen zu erforschen und Gegenmaßnahmen zu erarbeiten. Nach Durchführung der Maßnahmen ist im Rahmen einer nochmaligen Erfassung der Ist-Situation zu prüfen, inwieweit die Maßnahmen dazu beigetragen haben, die Probleme zu mindern oder im optimalen Fall zu lösen.

Im Folgenden sollen einige ausgewählte Kennzahlen[2] näher betrachtet werden:

Umsatz	Verkaufte Menge (Absatz) x Verkaufspreis je Einheit
(absoluter) Marktanteil	$\frac{\text{(eigener) Umsatz x 100}}{\text{Marktvolumen}}$
Reklamationsquote	$\frac{\text{Summe der reklamierten Bestellungen x 100}}{\text{Summe der Bestellungen}}$
Lieferfähigkeitsquote	$\frac{\text{Lieferung zum vereinbarten Termin x 100}}{\text{Anzahl aller Terminzusagen}}$

Neben den oben aufgeführten quantitativen Kennzahlen kommt in einem modernen Absatzcontrolling qualitativen Kennzahlen, wie z.B. der Kundenzufriedenheit große Bedeutung zu.

Kundenzufriedenheitsquote	$\frac{\text{Zahl der zufriedenen Kunden x 100}}{\text{Zahl der Kunden}}$

1 Weitere Instrumente des Absatzcontrollings sind: Portfolio-Analyse, Produktlebenszykluskonzept, ABC-Analyse, Break-even-Analyse, Benchmarking, Deckungsbeitragsrechnung, Balanced Scorecard, Target Costing u.a.

2 Weitere Kennzahlen des Absatzcontrollings sind: Umsatz je Vertriebsperson, Unternehmensimage Zahl der Kunden, Zahl der Neukunden, Marketing-Kosten, relativer Marktanteil, Werberendite u.a.

Lernsituation 19

Das Produktprogramm bewerten und ändern

Absatzprozesse

Lernsituation:

Die Situation im Produktfeld Schreibtische hatte die Geschäftsführung der BüroTec GmbH dazu veranlasst, einen neuen Schreibtisch Deluxe zu entwickeln und auf den Markt zu bringen. Nun, ein Jahr später, will man noch einmal über das gesamte Produktprogramm nachdenken. Sämtliche Produkte sollen auf den Prüfstand, um Probleme frühzeitig erkennen und rechtzeitig gegensteuern zu können. Hierbei will man auf moderne Instrumente der Produktprogrammbewertung zurückgreifen.

Arbeitsaufträge:

1. Verschaffen Sie sich einen Überblick über die Positionierung der Produkte der BüroTec GmbH auf dem Markt, indem Sie eine Portfolio-Analyse durchführen. Zu diesem Zweck hat Ihnen die Controlling-Abteilung Informationen über die einzelnen Produkte zukommen lassen (siehe Tabelle). Nur die Zahlen für die beiden Schreibtischmodelle fehlen noch.

Produkte	Eigener Marktanteil	Marktanteil des Hauptkonkurrenten	Relativer Marktanteil	Markt-wachstum	Eigener Umsatz in €
Büroschrank Standard (A)	**12 %**	**20 %**	**0,6**	**12 %**	**3 Mio.**
Büroschrank Deluxe (B)	**24 %**	**15 %**	**1,6**	**16 %**	**6 Mio.**
Bürostuhl Standard (C)	**18 %**	**15 %**	**1,2**	**6 %**	**9 Mio.**
Bürostuhl Deluxe (D)	**36 %**	**20 %**	**1,8**	**8 %**	**5 Mio.**
Schreibtisch Standard (E)					
Schreibtisch Deluxe (F)					

1.1 Ermitteln Sie mithilfe von Info 1 die fehlenden Werte und vervollständigen Sie die obige Tabelle.

1.2 Informieren Sie sich über die Portfolio-Analyse (Info 3) und positionieren Sie die sechs Produkte in der Portfoliomatrix (Info 4).

1.3 Geben Sie in Anlehnung an das Konzept der Boston Consulting Group für jedes Produkt eine Strategieempfehlung ab. Vervollständigen Sie hierzu die entsprechende Tabelle (Info 4).

1.4 Erarbeiten Sie für jedes Produkt mögliche absatzpolitische Maßnahmen. Vervollständigen Sie hierzu die entsprechende Tabelle (Info 4).

1.5 Erläutern Sie anhand von drei Beispielen, aus welchen Gründen man die allgemeinen Strategieempfehlungen der Boston Consulting Group nicht vorschnell eins zu eins in die Tat umsetzen sollte.

Beispiel 1	
Beispiel 2	
Beispiel 3	

2. Neben der Portfolio-Analyse stellt das Produkt-Lebenszykluskonzept eine weitere Möglichkeit dar, das Produktprogramm zu bewerten. Informieren Sie sich anhand von Info 5 über das Produkt-Lebenszykluskonzept und stellen Sie fest, in welcher Lebensphase sich die einzelnen Produkte der BüroTec GmbH befinden.

   2.1 Nennen Sie die Phasen des Produkt-Lebenszyklus. Vervollständigen Sie hierzu die entsprechende Tabelle (Info 6).

   2.2 Legen Sie anhand der Umsatzzahlen (Info 2) fest, in welcher Phase sich die einzelnen Produkte der BüroTec GmbH befinden (Info 6)?

   2.3 Welche absatzpolitischen Maßnahmen sollten in den einzelnen Phasen ergriffen werden? Vervollständigen Sie hierzu die entsprechende Tabelle (Info 6).

Info 1: Informationen Marktforschungsinstitut

BBDO

BBDO GmbH ◆ Königsallee 22 ◆ 40212 Düsseldorf

BüroTec GmbH
Anglerstraße 34
47444 Moers

Ihr Zeichen, Ihre Nachricht vom	Unser Zeichen, unsere Nachricht vom	Telefon, Name 0211 623-	Datum
bo, 13.12.20..	we	05, Pia Wegmann	20.12.20..

Branchenreport Büromöbel

Schreibtische

Wettbewerber	Umsatz 2015 „Standard-Ausführung“
BüroTec GmbH	1.500.000,00 €
König & Klever AG	7.500.000,00 €
Fleischer KG	2.900.000,00 €
Auermann OHG	3.500.000,00 €
Pro Office AG	5.800.000,00 €
KW Bürosysteme KG	2.200.000,00 €
EGS GmbH	1.600.000,00 €
Gesamtumsatz	**25.000.000,00 €**

Wettbewerber	Umsatz 2015 „Deluxe-Ausführung“
BüroTec GmbH	3.200.000,00 €
König & Klever AG	16.000.000,00 €
Fleischer KG	4.600.000,00 €
Auermann OHG	5.700.000,00 €
Pro Office AG	10.000.000,00 €
KW Bürosysteme KG	5.100.000,00 €
EGS GmbH	5.400.000,00 €
Gesamtumsatz	**50.000.000,00 €**

In der Produktgruppe (= Marktsegment) Schreibtische „Standard-Ausführung“ gehen wir davon aus, dass das Marktvolumen auf 25.500.000,00 € steigt. In der Produktgruppe Schreibtische „Deluxe-Ausführung“ ist mit einer Steigerung des Marktvolumens auf 57.000.000,00 € zu rechnen.

Info 2: Interne Mitteilung

BüroTec GmbH

Interne Mitteilung

an: Herr Bours (Marketing)

von: Kai King
Abteilung: RW
Datum: 16.02.20..
Zeichen: ki

Kunden der BüroTec GmbH im Jahr 20..

Jahr	Büroschrank Standard	Büroschrank Deluxe	Bürostuhl Standard	Bürostuhl Deluxe	Schreibtisch Standard	Schreibtisch Deluxe
2007	-	-	3.549.295 €	2.501.153 €	1.000.000 €	-
2008	-	-	3.726.760 €	2.601.199 €	1.050.000 €	-
2009	-	-	3.913.098 €	2.705.247 €	1.102.500 €	-
2010	-	-	4.304.408 €	2.975.772 €	1.267.875 €	-
2011	-	3.935.458 €	5.165.289 €	3.273.349 €	1.521.450 €	-
2012	2.473.717 €	4.132.231 €	6.198.347 €	3.764.352 €	1.673.595 €	-
2013	2.597.403 €	4.545.455 €	7.438.017 €	4.329.004 €	1.757.275 €	-
2014	2.727.273 €	5.000.000 €	8.181.818 €	4.761.905 €	1.657.275 €	-
2015	3.000.000 €	6.000.000 €	9.000.000 €	5.000.000 €	1.500.000 €	3.200.000 €

Info 3: Handbuch Absatz

BüroTec GmbH

Kapitel Produktprogrammbewertung

Die Portfolio-Analyse

Die von der amerikanischen Unternehmensberatung „Boston Consulting Group", kurz BCG, entwickelte Portfolio-Matrix vergleicht das Marktwachstum von Produktgruppen mit dem relativen Marktanteil, den ein Unternehmen auf diesem Markt inne hat.

Auf der senkrechten Achse wird als unternehmensexterne Größe das Marktwachstum, d.h. der Anstieg der Nachfrage (bzw. infolgedessen auch des Umsatzes) nach der jeweiligen Produktgruppe in Prozent angegeben. Die Grenze zwischen einem tendenziell hohen und einem niedrigen Wachstum liegt bei 10%. Das bedeutet, dass ein Markt, der ein Wachstum von mehr als 10% hat, ein Wachstumsmarkt ist. (Beispiel: Im Jahr 01 werden auf dem Markt für Standard-bürostühle 100 Mio. € umgesetzt. Im Jahr 02 liegt der Umsatz bei 120 Mio. € ⇨ Marktwachstum 20%).

Die waagerechte Achse gibt als unternehmensinterne Größe den relativen Marktanteil eines Unternehmens in Bezug auf den stärksten Konkurrenten an. Hier wird die Grenze bei 100% gezogen, dort ist der Umsatz beider Unternehmen gleich groß. Links davon ist der relative Marktanteil kleiner als 100%, d.h. das eigene Unternehmen verkauft weniger als der Konkurrent.

Beispiel: Die BüroTec GmbH macht mit Produkt X einen Umsatz von 30 Mio. € und der stärkste Konkurrent macht mit einem vergleichbaren Produkt einen Umsatz von 60 Mio. €. Das heißt, der relative Marktanteil der BüroTec GmbH (hier: 50%) ist kleiner als der des Konkurrenten.

Durch diese Einteilung lassen sich vier Felder bilden, die unterschiedliche Eigenschaften aufweisen.

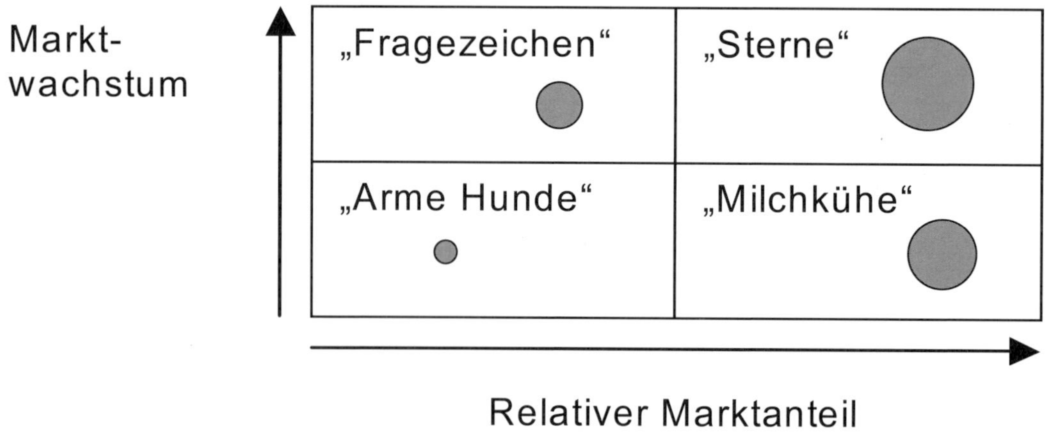

Die Produkte werden in Form von Kreisen in den jeweiligen Feldern dargestellt, wobei die Kreisgröße die Höhe des Umsatzes angibt, der mit diesem Produkt erzielt wird.

Fortsetzung

Nachdem ein Unternehmen seine Produkte in diese einzelnen Felder eingeordnet hat, lassen sich daraus strategische (= planerische) Entscheidungen ableiten. Im folgenden werden die vier Produkfelder erklärt und mögliche strategische Maßnahmen aufgezeigt.

Allgemeine Strategieempfehlungen der Boston Consulting Group (= Normstrategien)

- **Fragezeichen (question marks)**

„Fragezeichen" sind durch ein hohes Marktwachstum und einen geringen Marktanteil gekennzeichnet. Aufgrund des hohen Marktwachstums besteht jedoch die Aussicht, den Absatz und den Marktanteil zu erhöhen. Für ein Unternehmen stellt sich jeweils die Frage, ob es sich lohnt, in ein Fragezeichen zu investieren. Aus diesem Grund sollten diese Produkte genau beobachtet werden, um zu entscheiden, ob sie entweder stark gefördert (Offensivstrategie) oder aber aus dem Absatzprogramm gestrichen werden sollen.

- **Sterne (stars)**

„Starprodukte" leuchten am Markt. Sie haben ein hohes Wachstum und einen relativ hohen Marktanteil. Das Unternehmen ist mit diesen Produkten Marktführer. Die Strategie für „stars" lautet, den Marktanteil mindestens auf seinem gegenwärtigen Stand zu halten oder nach Möglichkeit durch starke Investitionen auszubauen (Investitionsstrategie).

- **Milchkühe (cash cows)**

„Milchkühe" haben einen hohen relativen Marktanteil und sind Marktführer. Das Wachstum ist jedoch gering. Die Bezeichnung „Milchkühe" kommt daher, dass sich die Produkte „melken" lassen. Das heißt, sie werfen hohe Gewinne ab. Wird eine „Milchkuh" auch in Zukunft noch als erfolgversprechend angesehen, so sollte der Marktanteil gehalten werden (Abschöpfungsstrategie). Bestehen dagegen eher trübe Zukunftsaussichten, sollte man aus diesen Produkten jetzt so viel wie möglich an Gewinnen herausholen.

- **Arme Hunde (poor dogs)**

Die „Armen Hunde" sind die Problemprodukte eines Unternehmens. Sie besitzen einen niedrigen Marktanteil und ihr Markt wächst wenig oder gar nicht. Diese Produkte erwirtschaften in der Regel niedrige Gewinne oder schreiben sogar rote Zahlen. Aus diesem Grunde sollte sich ein Unternehmen fragen, ob es solche Produkte nicht aus dem Markt nimmt und keine Investitionen mehr in das Produkt steckt (Desinvestitionsstrategie).

Zusammenfassend lässt sich sagen, dass sich aus der Portfolioanalyse erste wichtige Hinweise und Ansatzpunkte für absatzpolitische Maßnahmen ableiten lassen. Die Portfolio-Analyse ist somit auch Steuerungsinstrument im Rahmen des Absatzcontrollings. Bevor jedoch endgültige absatzpolitische Entscheidungen getroffen werden, sollten unbedingt weitere Überlegungen angestellt werden.

Info 4: Portfolio-Analyse

Portfolio-Analyse

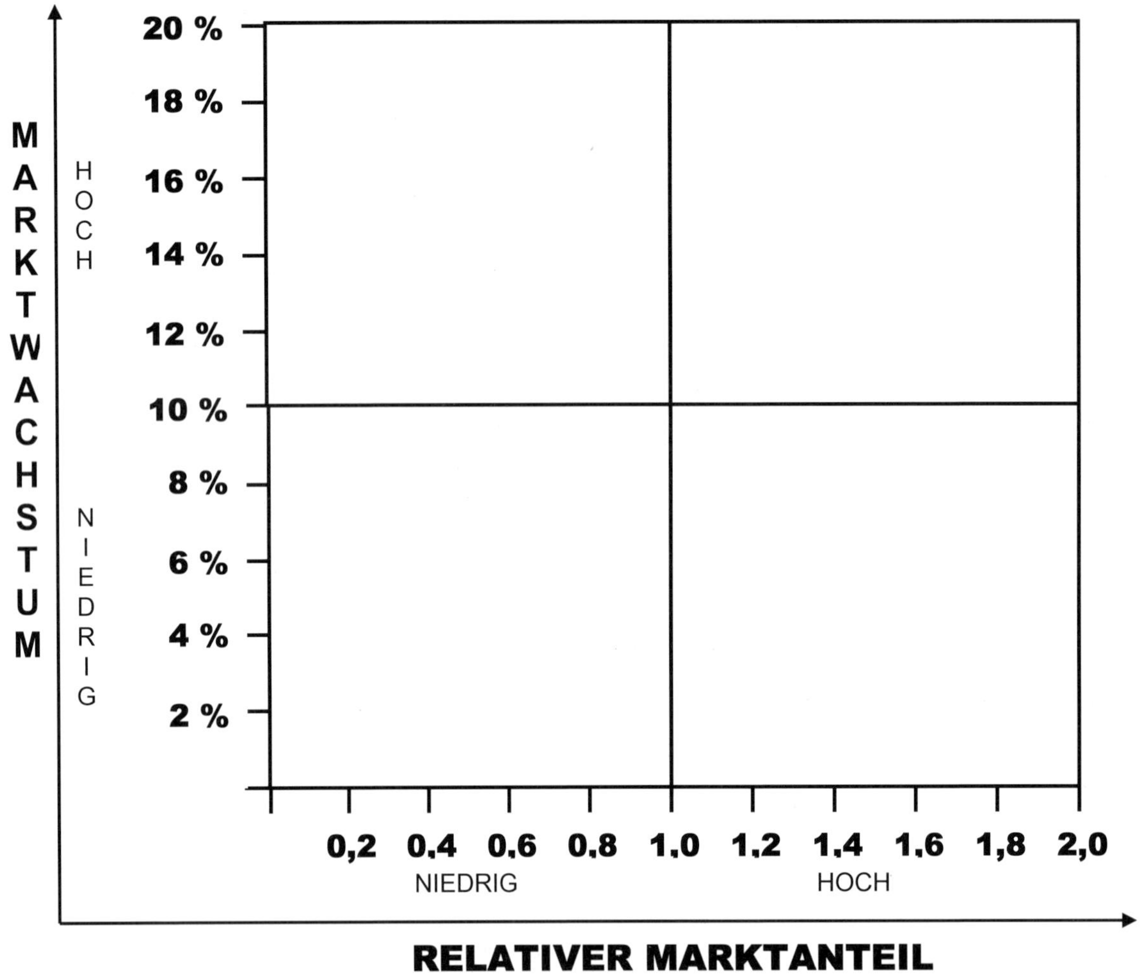

Produkte	Feld	Strategie-empfehlung	Absatzpolitische Maßnahmen
Büroschrank Standard (A)			
Büroschrank Deluxe (B)			
Bürostuhl Standard (C)			
Bürostuhl Deluxe (D)			
Schreibtisch Standard (E)			
Schreibtisch Deluxe (F)			

Info 5: Handbuch Absatz

BüroTec GmbH Kapitel Produktprogrammbewertung

Das Produkt-Lebenszykluskonzept

Ein Produkt lebt nicht ewig. Nahezu alle Produkte durchlaufen einen betriebswirtschaftlichen Lebenszyklus. Dieser reicht von der Produkteinführung bis zum Ausscheiden aus dem Markt. Grundsätzlich wird zwischen vier verschiedenen **Phasen** unterschieden.

In der **Einführungsphase werden** zunächst geringe Umsätze erzielt. Die meisten Kosumenten werden erst vorsichtig auf das neue Produkt reagieren. In dieser Phase bedarf es großer Verkaufsanstrengungen.

Ist das Produkt bekannt geworden und setzt eine starke Nachfrage ein, spricht man von der **Wachstumsphase**. Der Umsatz nimmt stark zu. Nun werden aber, wegen des Markterfolgs des Produktes, auch Wettbewerber versuchen, mit Nachahmungen auf den Markt zu treten.

In der **Reifephase/Sättigungsphase** hat sich das Produkt einen festen Platz am Markt erobert. Der Umsatz steigt weiter an bis er den höchsten Punkt erreicht hat. Die Umsatzsteigerung ist jedoch nicht mehr so stark wie in der Wachstumsphase. Der Wettbewerbsdruck nimmmt weiter zu. Im weiteren Verlauf dieser Phase stagniert der Umsatz. Es können keine Neukunden mehr hinzugewonnnen werden. Am Ende dieser Phase beginnt der Umsatz langsam zu sinken.

In der **Degenerationsphas**e geht der Umsatz stark zurück. Unter Umständen können Wettbewerbsprodukte die Kundenwünsche besser befriedigen oder die Kundenwünsche haben sich verändert.

Zusammenfassend ist festzuhalten, dass die Lebensdauer von Produkten sehr unterschiedlich ist. Manche Produkte halten sich jahrzehntelang, während andere schon nach wenigen Jahren oder sogar Monaten vom Markt verschwinden.

Bisweilen kehren Produkte auch wieder, wie z.B. der VW Beetle als Nachfolger des VW Käfer oder Afri Cola als Lifestyle-Getränke (Relaunch).

Darüber hinaus fallen die einzelnen Phasen je nach Produkt länger und kürzer aus. Durch unternehmerische Aktivitäten kann die Dauer der Phasen und damit auch die gesamte Lebensdauer des Produktes beeinflusst werden. In der Regel gilt jedoch, daß alle Produkte, „geboren werden, wachsen, alt werden und schließlich sterben“.

15 Schmidthausen, Prause ISBN 978-3-8120-1023-8

Info 6: Produkt-Lebenszykluskonzept

Produkt-Lebenszykluskonzept

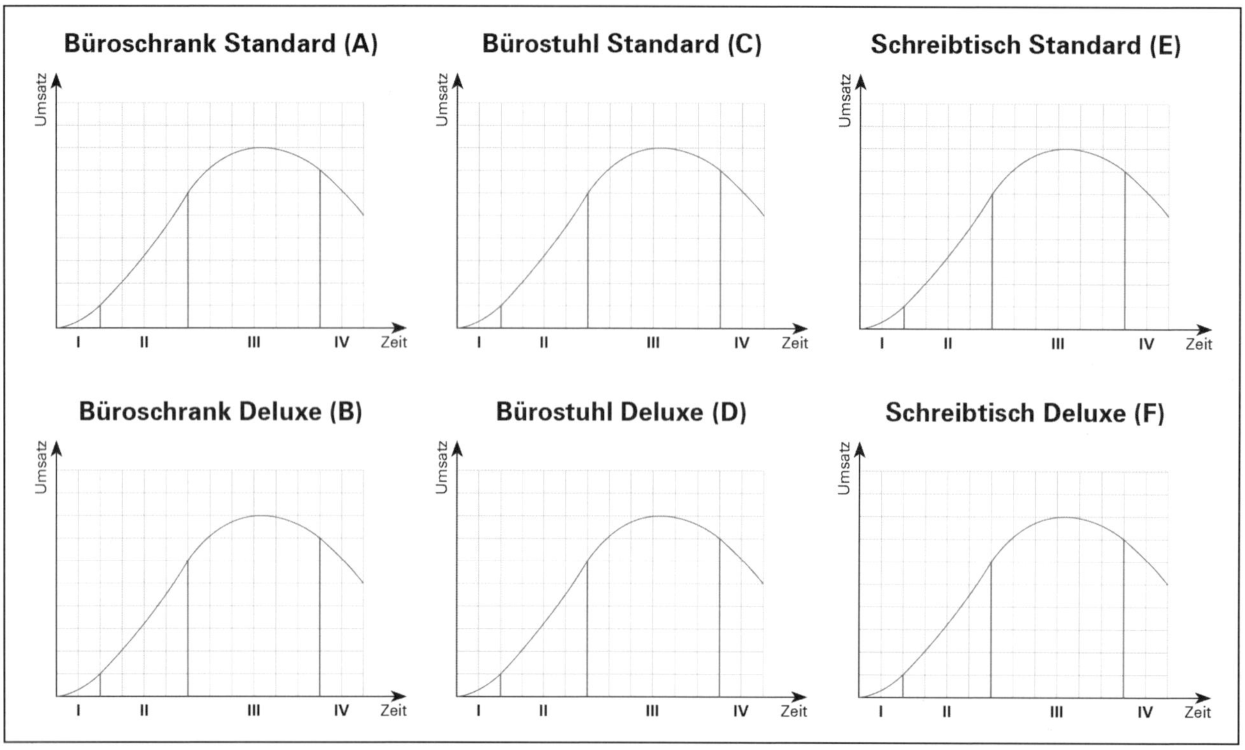

Phasen des Produkt-Lebenszyklus			
Phase I		**Phase III**	
Phase II		**Phase IV**	

Produkte	Phase	Absatzpolitische Maßnahmen
Büroschrank Standard (A)		
Büroschrank Deluxe (B)		
Bürostuhl Standard (C)		
Bürostuhl Deluxe (D)		
Schreibtisch Standard (E)		
Schreibtisch Deluxe (F)		

Lernsituation 20

Geschäfte im Ausland tätigen

Absatzprozesse

Lernsituation:

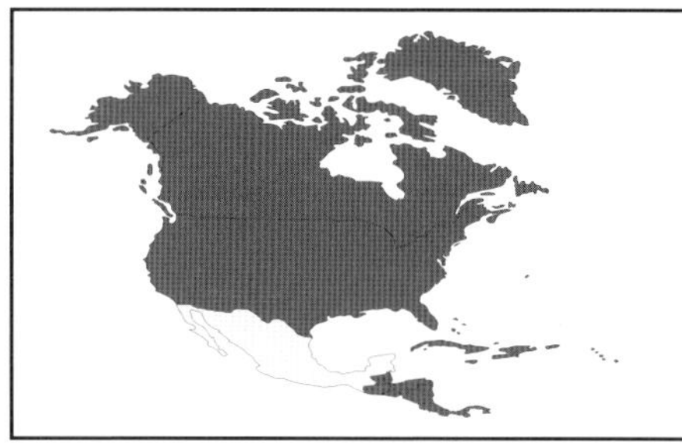

Schon länger befasst sich die Führungsriege der BüroTec GmbH mit dem Gedanken, auf internationalen Märkten Fuß zu fassen. Aus diesem Grund wurde Herr Cortez, ein in Mexiko geborener Verkaufsmitarbeiter der BüroTec GmbH, damit beauftragt, einen Kontakt zu einem mexikanischen Handelsmakler herzustellen. Einige Monate später hat Herr Schmidt gute Nachrichten zu verkünden.

Herr Schmidt: Meine Herren, ich habe gute Nachrichten. Senor Sanchez hat mich heute Morgen per E-Mail davon unterrichtet, dass es ihm gelungen ist, die Gonzalez Ltd., ein großes Büroeinrichtungshaus in Mexiko-City mit vielen Filialen im ganzen Land, von unseren Produkten zu überzeugen. Ein Großauftrag mit einem Auftragsvolumen von mehreren hunderttausend Euro ist im Bereich des Möglichen.

Frau Peters: Ich bin ja immer noch etwas skeptisch, was unser Engagement in Übersee angeht. Viel Erfahrung haben wir ja nicht gerade.

Herr Bours: Wie sagt man doch so schön: Wer nicht wagt, der nicht gewinnt! Und außerdem: Einen solchen Auftrag werden wir uns doch nicht entgehen lassen.

Frau Peters: Schön gesagt, Herr Bours, ich für meinen Teil, halte es da aber lieber mit: Vorsicht ist besser als Nachsicht. Wir wären nicht die Ersten, die im Ausland Schiffbruch erlitten haben.

Arbeitsaufträge:

1. Führen Sie zwei Vorteile an, die mit Außenhandelsgeschäften verbunden sind.

Vorteil 1	
Vorteil 2	

2. Welche Risiken/Nachteile sind demgegenüber mit Außenhandelsgeschäften verbunden?

Risiken/Nachteile von Außenhandelsgeschäften	

3. Das der Gonzalez Ltd. übermittelte Angebot wurde auf Basis CIF Veracruz kalkuliert. Die Gonzalez Ltd. versucht jedoch in Verhandlungen, zum gleichen Preis DDP Mexiko-City durchzusetzen.

3.1 Welche Konsequenzen ergeben sich für die BüroTec GmbH, wenn sie auf den Wunsch des Geschäftspartners einginge? Führen Sie bitte genaue Berechnungen durch (Info 1 bis 4).

Kosten bei CIF Veracruz	Kosten bei DDP Mexico-City

3.2 Sollte die BüroTec GmbH auf die Forderung der Gonzalez Ltd. eingehen? Begründen Sie Ihre Auffassung.

4. Ermitteln Sie die Kosten, die die BüroTec GmbH bei folgenden Incoterms zu tragen hat:

Incoterms	Kosten der BüroTec GmbH
FOB Rotterdam	
FAS Rotterdam	
DAT Quay 27 Port of Veracruz	

5. Die BüroTec GmbH hat der Gonzalez Ltd. die Büromöbel Anfang Oktober zu einem Preis von 6.322.640,00 MXN angeboten (zum Wechselkurs siehe Info 3). 2 Monate später geht die Bestellung bei der BüroTec GmbH ein. Der relevante Wechselkurs liegt nun bei 1 € = 15,95484 MXN. Welche Situation ergibt sich für die BüroTec GmbH? Begründen Sie Ihre Meinung rechnerisch.

6. Angenommen, die Büromöbel werden in Veracruz bei der Entladung beschädigt. Beurteilen Sie die Situation in den folgenden zwei Fällen.

DDP Mexico-City	
CIF Veracruz	

7. Welche Kosten übernimmt der Verkäufer bzw. der Käufer bei folgenden Incoterms: EXW, FAS, FOB, CIF, CPT, CIP, DAT und DDP? Stellen Sie die Übernahme der Transportkosten, der Transportrisiken und der u.U. anfallenden Transportversicherung grafisch dar (Info 8).

8. Um Risiken im Außenhandel abzusichern, werden häufig die beiden Instrumente der Zahlungssicherung Dokumenteninkasso oder Dokumentenakkreditiv verwendet (Info 5).

8.1 Veranschaulichen Sie mithilfe der Schaubilder (Info 6 und 7) die Abwicklung von Außenhandelsgeschäften unter Verwendung der oben genannten Instrumente der Zahlungssicherung.

8.2 Welches Instrument der Zahlungssicherung ist für die BüroTec GmbH vorteilhafter?

Risiken im Außenhandel		abgesichert durch Dokumenten-inkasso ja / nein	abgesichert durch Dokumenten-akkreditiv ja / nein
Risiken des Käufers	Verkäufer liefert nicht		
	Verkäufer liefert nicht mangelfrei		
Risiken des Verkäufers	Käufer zahlt nicht		
	Käufer nimmt nicht an (und zahlt nicht)		

Folgendes Instrument der Zahlungssicherung ist für die BüroTec GmbH vorteilhafter:	

Weiterer Fall:

Die BüroTec GmbH verkauft an ein chinesisches Großunternehmen Büromöbel zu einem Preis von 6.000.000,00 CRY (netto) DAT Container Yard Port of Shanghai.

1. Wie hoch sind die Kosten der BüroTec GmbH, die bei dieser Handelsklausel anfallen?
2. Wie viel Euro verbleiben der BüroTec GmbH nach Abzug der obigen Kosten?

Info A:

Die Büromöbel sollen von Moers mit dem Lkw nach Hamburg transportiert werden und von dort per Seeschiff über den Suezkanal nach Shanghai in China verschifft werden. Dort werden sie per Lkw nach Peking gebracht. Zur Sicherheit möchte die BüroTec GmbH von Moers bis Shanghai eine Transportversicherung abschließen.

Info B:

Anfuhrkosten/Vorlauf	840,00 €	Entladekosten	2.100,00 CRY
Verladekosten	120,00 €	Zufuhrkosten/Nachlauf	8.000,00 CRY
Kosten Ausfuhrzoll	keine	VK (Moers – Hamburg)	350,00 €
Frachtkosten (Seetransport)	5.200,00 €	VK (Hamburg – Shanghai)	1.800,00 €
Kosten Einfuhrzoll	44.000,00 CRY	VK (Shanghai – Peking)	3.000,00 CRY

VK = Versicherungskosten; zum Wechselkurs siehe Info 3

Info 1: Interne Mitteilung

BüroTec GmbH

Interne Mitteilung

an: Herrn Gräff (Auftragsbearbeitung)

von: Pia Fromm
Abteilung: AB
Datum: 09.10.20..
Zeichen: fr

Angebotsdaten Gonzalez Ltd.

- Rechnungsbetrag: 6.322.640,00 MXN
- Der Rechnungsbetrag setzt sich aus dem Listenverkaufspreis netto und den Transportkosten (CIF Veracruz) zusammen.
- Zahlungsziel: in 3 Monaten

Mit freundlichen Grüßen

Pia Fromm

Info 2: Interne Mitteilung

BüroTec GmbH

Interne Mitteilung

an: Herrn Gräff (Auftragsbearbeitung)

von: Pia Fromm
Abteilung: AB
Datum: 10.10.20..
Zeichen: fr

Transportkosten etc. Mexiko

Die Büromöbel sollen von Moers mit dem Lkw nach Rotterdam transportiert werden und von dort per Seeschiff nach Veracruz, dem wichtigsten mexikanischen Hafen an der Atlantikküste, verschifft werden. Dort werden sie per Lkw nach Mexiko-City gebracht.

Anfuhrkosten/Vorlauf (Lkw)	520,00 €	**Entladekosten (Schiff/Lkw)**	2.370,00 MXN
Verladekosten (Lkw/Schiff)	90,00 €	**Zufuhrkosten/Nachlauf (Lkw)**	7.902,00 MXN
Kosten Ausfuhrzoll	keine	**VK (Moers – Rotterdam)**	250,00 €
Frachtkosten (Seetransport)	3.800,00 €	**VK (Rotterdam – Veracruz)**	1.500,00 €
Kosten Einfuhrzoll	60.110,596 MXN	**VK (Veracruz – Mexico-City)**	3.160,00 MXN

VK = Versicherungskosten

Mit freundlichen Grüßen

Pia Fromm

Info 3: Wechselkurse

Financial Report Systems

Wechselkurstabelle Oktober 20.. (Auszug)

Mengennotierung (Devisenkurs für 1 €)		Land	Währung	WKZ
Geldkurs	**Briefkurs**			
7,45805	7,46005	Dänemark	Dänische Krone	DKK
9,85626	9,92124	China	Chinesischer Renminbi Yuan	CRY
0,8932	0,99032	Großbritannien	Pfund	GBP
155,411	155,517	Japan	Yen	JPY
15,37591	15,44486	Mexiko	Mexikanischer Peso	MXN
1,44626	1,44730	USA	Dollar	USD
1,40312	1,40398	Kanada	Kanadischer Dollar	CAD
1,50406	1,50509	Australien	Australischer Dollar	AUD
1,45628	1,45669	Schweiz	Schweizer Franken	CHF
10,6791	10,6826	Hongkong	Hongkong Dollar	HKD
1,78575	1,79056	Neuseeland	Neuseeländischer Dollar	NZD

Geldkurs = Zu diesem Kurs verkauft die Bank ausländische Währung gegen Euro. D.h., die Bank kauft Euro an. Aus diesem Grund spricht man auch vom Ankaufskurs.

Briefkurs = Zu diesem Kurs kauft die Bank ausländische Währung gegen Euro an. D.h., die Bank verkauft Euro. Aus diesem Grund spricht man auch vom Verkaufskurs.

Info 4: Auszug aus dem ABC der Logistik

ABC der Logistik

Incoterms

Incoterms (International Commercial Terms) sind vorformulierte Vertragsklauseln, die sowohl bei nationalen als auch bei internationalen Kaufverträgen verwendet werden. Sie dienen dazu, den nationalen und internationalen Handel einfacher abwickeln zu können. Die Incoterms liegen derzeit in der Fassung Incoterms 2010 vor und bestehen aus 11 Klauseln. Die Incoterms regeln insbesondere die Übernahme der Transportkosten und des Transportrisikos sowie bei einigen Incoterms die Übernahme von Versicherungskosten. Im Folgenden sollen die einzelnen Klauseln näher erläutert werden.

Incoterms 2010	
Klauseln für See- und Binnenschifftransporte	Multimodal (= universell) anwendbare Klauseln
FAS, FOB, CFR & CIF	EXW, FCA, CPT, CIP, DAT, DAP & DDP

EXW (ex works = ab Werk): Der Verkäufer stellt die Ware an dem genannten Ort (Werk des Verkäufers) zur Verfügung. Hier gehen die Kosten und das Risiko auf den Käufer über. Der Verkäufer hat für eine geeignete Transportverpackung zu sorgen. Der Käufer muss die Ausfuhr abwickeln, der Verkäufer muss ihn allerdings dabei unterstützen. Kosten, die für den Verkäufer hierbei entstehen, sind vom Käufer zu ersetzen. Eine Transportversicherung muss nicht abgeschlossen werden, d.h., der Käufer kann selbst entscheiden, ob er das Transportrisiko versichern lassen möchte oder nicht. Beispiel: EXW Moers.

FCA (free carrier = frei Frachtführer): Der Verkäufer trägt die Kosten und das Risiko, bis die Ware an einen Frachtführer am benannten Ort übergeben wurde. Liegt der benannte Ort beim Verkäufer, z.B. sein Lager, ist die Ware auf das Beförderungsmittel des Frachtführers zu verladen. Liegt der benannte Ort nicht beim Verkäufer, ist die Ware auf dem Beförderungsmittel des Verkäufers unentladen zur Verfügung zu stellen. Der Beförderungsvertrag für den Haupttransport ist vom Käufer abzuschließen. Eine Transportversicherung muss nicht abgeschlossen werden. Beispiel: FCA Duisburg.

FAS (free alongside ship = frei Längsseite Schiff): Der Verkäufer trägt die Kosten und das Risiko, bis sich die Ware an der Längsseite des Schiffes im Verschiffungshafen befindet. Ab hier übernimmt der Käufer Kosten und Risiko. Der Beförderungsvertrag für den Haupttransport (Verladung, Seefracht und Entladung) ist vom Käufer abzuschließen. Eine Transportversicherung muss nicht abgeschlossen werden. Beispiel: FAS Rotterdam.

FOB (free on board = frei an Bord): Der Verkäufer trägt die Kosten und das Risiko, bis die Ware auf dem Schiff im Verschiffungshafen verladen ist. Ab hier trägt der Käufer die Kosten und das Risiko. Der Beförderungsvertrag für den Haupttransport ist vom Käufer abzuschließen. Eine Transportversicherung muss nicht abgeschlossen werden. Beispiel: FOB Rotterdam.

Fortsetzung

CFR (cost and freight = Kosten und Fracht): Der Verkäufer trägt die Kosten bis zum benannten Bestimmungshafen (ohne Entladung). Das Risiko geht auf den Käufer über, nachdem die Ware im Verschiffungshafen auf das Schiff verladen wurde. Der Beförderungsvertrag für den Haupttransport ist vom Verkäufer abzuschließen. Eine Transportversicherung muss nicht abgeschlossen werden. Beispiel: CFR Veracruz.

CIF (cost, insurance and freight = Kosten, Versicherung und Fracht): Der Verkäufer trägt die Kosten bis zum benannten Bestimmungshafen (inkl. Entladung). Das Risiko geht auf den Käufer über, nachdem die Ware im Verschiffungshafen auf das Schiff verladen wurde. Der Beförderungsvertrag für den Haupttransport ist vom Verkäufer abzuschließen. Zudem muss vom Verkäufer eine Transportversicherung für die Seefracht einschließlich der Entladung im Bestimmungshafen abgeschlossen werden (Mindestdeckung: Warenwert zuzüglich 10 %). Beispiel: CIF Veracruz.

CPT (carriage paid to = frachtfrei): Der Verkäufer trägt die Kosten bis zum benannten Bestimmungsort (ohne Entladung). Der Verkäufer trägt das Risiko, bis die Ware an den ersten Frachtführer übergeben wurde. Ab hier trägt der Käufer das Risiko. Der Beförderungsvertrag bis zum Bestimmungsort ist vom Verkäufer abzuschließen. Eine Transportversicherung muss nicht abgeschlossen werden. Beispiel: CPT Mexico-City.

CIP (carriage and insurance paid to = frachtfrei versichert): Der Verkäufer trägt die Kosten bis zum benannten Bestimmungsort (ohne Entladung). Der Verkäufer trägt das Risiko, bis die Ware an den Frachtführer übergeben wurde. Ab hier trägt der Käufer das Risiko. Der Beförderungsvertrag bis zum Bestimmungsort ist vom Verkäufer abzuschließen. Zudem muss vom Verkäufer eine Transportversicherung für den gesamten Transport abgeschlossen werden (Mindestdeckung: Warenwert zuzüglich 10 %). Beispiel: CIP Mexico-City.

DAT (delivered at terminal = geliefert Terminal): Der Verkäufer trägt die Kosten und das Risiko, bis er die Ware an einem vom Käufer genannten Terminal unverzollt, aber entladen zur Verfügung gestellt hat. Als Terminal kann z.B. ein Kai, eine Lagerhalle, ein Containerdepot oder ein Straßen-, Schienen- oder Luftfrachtterminal bezeichnet werden. Der Beförderungsvertrag bis zum benannten Terminal im vereinbarten Bestimmungsort oder -hafen ist vom Verkäufer abzuschließen. Eine Transportversicherung muss nicht abgeschlossen werden. Beispiel: DAT Quay Port of Veracruz.

DAP (delivered at place = geliefert benannter Ort): Der Verkäufer trägt die Kosten und das Risiko bis zum genau benannten Bestimmungsort, der sich immer im Einfuhrland befindet. Der Verkäufer muss die Ware auf dem ankommenden Beförderungsmittel zur Verfügung stellen (ohne Entladung). Der Beförderungsvertrag bis zum Bestimmungsort ist vom Verkäufer abzuschließen. Eine Transportversicherung muss nicht abgeschlossen werden. Beispiel: DAP Veracruz.

DDP (delivered duty paid = geliefert verzollt): Der Verkäufer trägt die Kosten und das Risiko bis zum genannten Bestimmungsort, der sich immer im Einfuhrland befindet. Der Verkäufer muss die Ware auf dem ankommenden Beförderungsmittel (i.d.R. der Lkw) unentladen zur Verfügung stellen. Der Beförderungsvertrag bis zum Bestimmungsort ist vom Verkäufer abzuschließen. Eine Transportversicherung muss nicht abgeschlossen werden. Der Verkäufer übernimmt zudem die Kosten für die Einfuhrabwicklung und die Einfuhrabgaben. Beispiel: DDP Mexico-City.

Info 5: Auszug aus dem ABC der Logistik

Z

ABC der Logistik

Zahlungsbedingungen im Außenhandel

Der Abschluss von Kaufverträgen birgt sowohl für den Käufer als auch für den Verkäufer **Risiken**. So trägt der Käufer z.B. die Risiken, dass der Verkäufer die Ware nicht liefert oder die Ware nicht den Vereinbarungen entspricht. Der Verkäufer hingegen muss u.a. damit rechnen, dass der Käufer die Ware nicht annimmt oder nicht bezahlt. Bei internationalen Geschäften sind die Risiken aufgrund der größeren Entfernung, evtl. vorhandenen sprachlichen Problemen oder anderer rechtlicher Bestimmungen noch größer. Bei Außenhandelsgeschäften werden neben den üblichen Zahlungsbedingungen, wie Vorauskasse oder Zahlung nach Lieferung, häufig **Zahlungsbedingungen** verwendet, die den Vertragspartnern gewisse Sicherheiten bieten. Diese werden auch als Instrumente der Zahlungssicherung bezeichnet.

Im Folgenden sollen das Dokumenteninkasso und das (unwiderrufliche) Dokumentenakkreditiv, zwei der am meisten verwendeten, sogenannten dokumentären Zahlungsbedingungen, näher erläutert werden. Je nach Vereinbarung können die Kosten vollständig vom Verkäufer oder vom Käufer getragen oder zwischen beiden geteilt werden.

Abwicklung des Dokumenteninkassos

Käufer und Verkäufer schließen einen Kaufvertrag ab, in dem sie Dokumente gegen Kasse (Documents against Payment – D/P) vereinbaren. Im Anschluss daran übergibt der Verkäufer die Ware an seinen Spediteur. Bei Übergabe der Ware an den Spediteur erhält der Verkäufer das Transportdokument, Konnossement genannt. Anschließend erfolgt der Versand der Ware an den Spediteur des Käufers. Im Konnossement bestätigt der Spediteur den Empfang der Waren. Er verpflichtet sich darin, die Waren zu befördern und sie dem Inhaber des Konnossements bei Ankunft im Bestimmungshafen auszuhändigen. Sämtliche Dokumente (Konnossement, Warenrechnung und Versicherungspolice u.a.) werden zusammen mit einem Inkassoauftrag bei der Bank des Verkäufers eingereicht. Die Bank des Verkäufers leitet den Inkassoauftrag und die übrigen Dokumente an die Bank des Käufers weiter. Daraufhin wird der Käufer von seiner Bank zur Zahlung des Inkassobetrags aufgefordert. Der Käufer zahlt den Inkassobetrag und erhält im Gegenzug die Dokumente (Dokumente gegen Zahlung). Die Bank des Käufers überweist der Bank des Verkäufers den Inkassobetrag. Im nächsten Schritt erhält der Verkäufer eine Gutschrift über den entsprechenden Betrag. Hat die Ware den Bestimmungshafen erreicht, kann der Käufer sie gegen Vorzeigen der Dokumente in Empfang nehmen (Ware gegen Dokumente).

Abwicklung des (unwiderruflichen) Dokumentenakkreditivs

Nach Abschluss des Kaufvertrags zwischen Verkäufer und Käufer stellt der Käufer (Akkreditivauftraggeber) bei seiner Bank (Akkreditivbank) den Antrag auf Eröffnung eines Akkreditivs (Dokumentenakkreditiv = Letter of Credit – L/C). Die Bank des Käufers informiert die Bank des Verkäufers (Akkreditivstelle) über die Eröffnung des Akkreditivs. Diesen Vorgang nennt man Avisierung. Die Bank des Verkäufers wiederum informiert den Verkäufer (Akkreditivbegünstigter) über die Akkreditiveröffnung (Avisierung). Durch ein Akkreditiv verpflichtet sich die Bank des Schuldners, dem Verkäufer den im Kaufvertrag vereinbarten Geldbetrag termingerecht zu zahlen, wenn bestimmte Dokumente (Konnossement, Warenrechnung, Versicherungspolice etc.) vorgelegt werden, in denen der Spediteur den Empfang der Waren und deren ordnungsgemäße Verschiffung bestätigt. Der Verkäufer prüft die Akkreditivbedingungen auf Übereinstimmung mit den Kaufvertragsbedingungen und teilt das Prüfergebnis seiner Bank mit. Im nächsten Schritt übergibt der Verkäufer die Ware termingerecht an seinen Spediteur. Im Gegenzug erhält der Verkäufer das entsprechende Transportdokument (Konnossement). Gleichzeitig erfolgt der Versand der Ware an den Spediteur des Käufers. Der Verkäufer reicht das Konnossement zusammen mit den anderen Dokumenten bei seiner Bank ein. Wenn die Dokumente in Ordnung sind, leitet die Bank des Verkäufers die Dokumente an die Bank des Käufers weiter. Ist alles in Ordnung, leitet sie die Dokumente an den Käufer weiter und überweist den Geldbetrag an die Bank des Verkäufers, die ihn im nächsten Schritt dem Konto des Verkäufers gutschreibt. Der Käufer kann nun im letzten Schritt die Ware mithilfe des Konnossements in Empfang nehmen.

Info 6: Dokumenteninkasso (Dokumente gegen Zahlung)

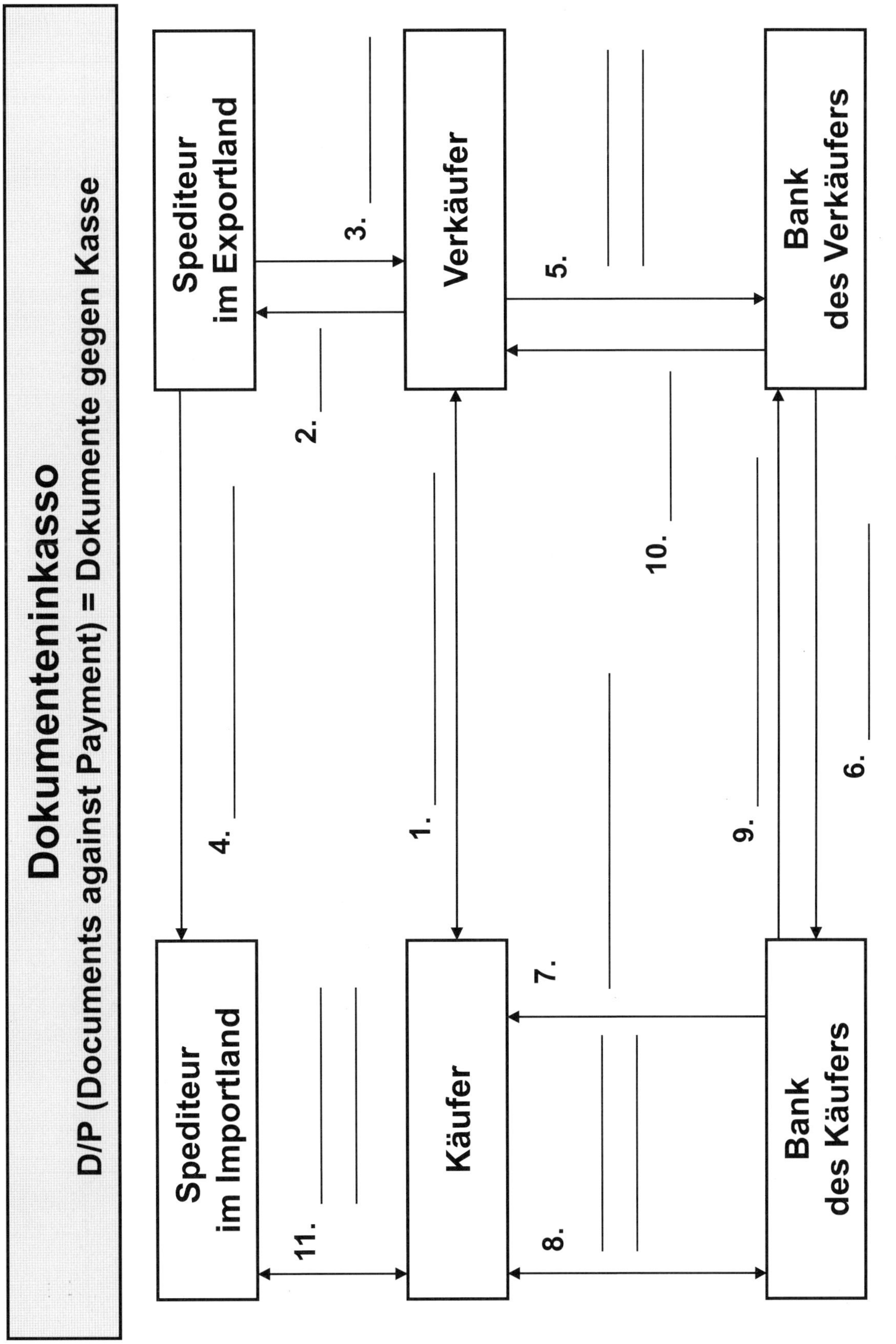

16 Schmidthausen, Prause ISBN 978-3-8120-1023-8

Info 7: (Unwiderrufliches) Dokumentenakkreditiv

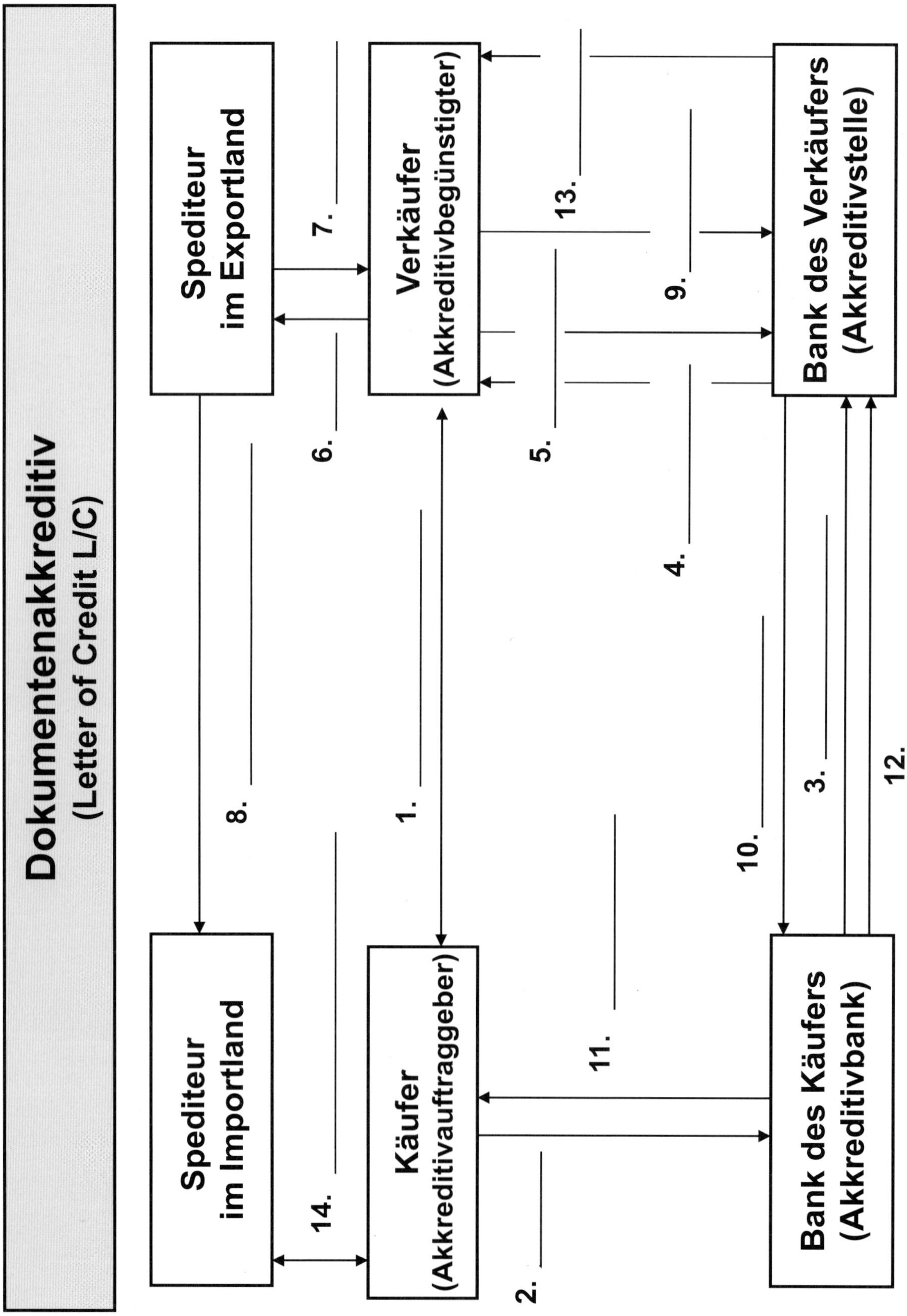

Info 8: Ausgewählte Incoterms

		Verkäufer	Rollgeld Anfuhr	Zoll Ausfuhr	Verladung	Seefracht	Entladung	Zoll Einfuhr	Rollgeld Zufuhr	Käufer
EXW	Kosten									
	Risiko									
FAS	Kosten									
	Risiko									
FOB	Kosten									
	Risiko									
CIF	Kosten									
	Risiko									
	Versicherung									

Fortsetzung

		Verkäufer	Rollgeld Anfuhr	Zoll Ausfuhr	Verladung	Seefracht	Entladung	Zoll Einfuhr	Rollgeld Zufuhr	Käufer
CPT	Kosten									
	Risiko									
CIP	Kosten									
	Risiko									
	Versicherung									
DAT	Kosten									
	Risiko									
DDP	Kosten									
	Risiko									

Lernsituation 21 	Geschäfte per E-Commerce tätigen	Absatz-prozesse

Lernsituation:

Mitte August 20.. bittet Herr Mischke, kaufmännischer Leiter der BüroTec GmbH, Herrn Gräff, den Leiter der Verkaufsabteilung, sowie den Marketingleiter Herrn Bours zu sich.

Herr Gräff: Guten Morgen, Herr Mischke. Was kann ich für Sie tun?

Herr Mischke: In letzter Zeit äußern auffallend viele Geschäftskunden den Wunsch, unsere Produkte auch online bestellen zu können. Ich denke, wir sollten uns diesem Wunsch nicht verschließen. Die Konkurrenz schläft nicht.

Herr Bours: Das sehe ich auch so. Wir sind sicherlich eines der wenigen Unternehmen ohne Internetpräsenz. Das muss anders werden. Herr Gräff, wie wollen Sie vorgehen?

Arbeitsaufträge:

1. Die BüroTec GmbH plant den Aufbau einer Unternehmenswebsite mit integriertem Onlineshop. Führen Sie die Vorteile an, die sich hieraus für die BüroTec GmbH und ihre Kunden ergeben.

   Vorteile für die BüroTec GmbH

Vorteile		
	1	
	2	
	3	
	4	
	5	

   Vorteile für die Kunden der BüroTec GmbH

Vorteile		
	1	
	2	
	3	
	4	
	5	

2. Herr Gräff hat ein abteilungsübergreifendes Projektteam zusammengestellt, dem auch Sie angehören. Ihre Aufgabe besteht darin, eine Unternehmenswebsite mit integriertem Onlineshop zu entwerfen. Welche Rubriken sollte die Website enthalten? Erstellen Sie mithilfe der Struktur (Info 1) ein entsprechendes Inhaltsverzeichnis.

3. Welche Probleme/Risiken sind mit Geschäftsabschlüssen via Internet verbunden?

Probleme / Risiken		
	1	
	2	
	3	
	4	
	5	

4. Vervollständigen Sie den Lückentext zum Thema „E-Commerce“ (Info 2).

Füllwörter: B2C-Geschäft, Onlineshops, Auftragsbestätigung, Kosten, ergänzen, Online-Shopping, Fehler, Fernabsatzrecht, Versandkosten, elektronischem Weg, online, übereinstimmende, Widerrufs- und Rückgaberecht, E-Mail, B2B-Geschäft, langwieriger, Einkaufszentren, elektronischen Vertriebs, umständlicher, Verkauf, bequem, konkurrieren, inklusiv, schnell, scheitern, Preisangabeverordnung, Internet, Vertragsabschluss, elektronische Marktplätze, unvollständige, Kaufentscheidung, Nettopreise

5. Bearbeiten Sie folgende Fragestellungen zu unten stehender Grafik:

5.1 Welchen prozentualen Anteil haben B2B-Geschäfte im Jahr 2010 am Gesamtumsatz in Deutschland?

5.2 Um wie viel % ist der Umsatz bei B2B-Geschäften 2010 im Vergleich zu 2004 gestiegen?

5.3 Stellen Sie rechnerisch dar, welcher Bereich (B2B oder B2C) in Deutschland von 2006 bis 2010 stärker gewachsen ist.

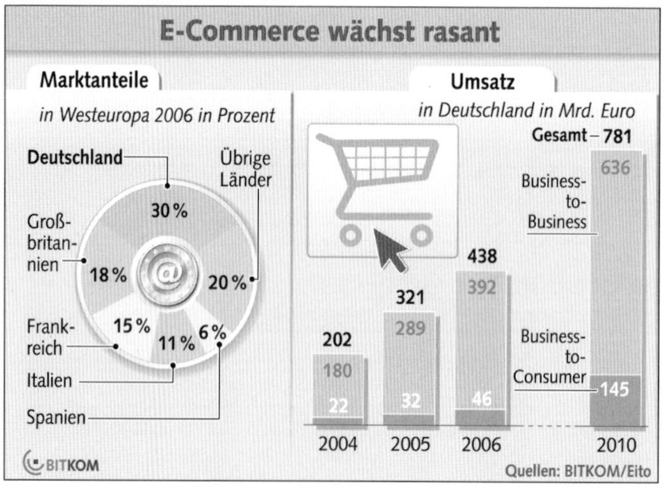

Quelle: www.bitkom.org (Bundesverband Informationswirtschaft, Telekommunikation und neue Medien e.V.)

6. Welche Vor- und Nachteile sehen Sie für die BüroTec GmbH im Vertrieb über einen eigenen Onlineshop im Vergleich zu elektronischen Marktplätzen?

Info 1: Planung der unternehmenseigenen Website

Konzept Website BüroTec GmbH (inkl. integriertem Onlineshop)

Erläuterungen, Beschreibungen, Beispiele und Konkretisierungen

1

2

3

4

5

6

7

8

Info 2: Lückentext

E-Commerce

Was ist eigentlich E-Commerce? Diese Frage wird häufig gestellt. Verfolgt man einen praxisorientierten Ansatz, bedeutet E-Commerce __________ über das __________ oder __________________. Im Internet können die Kunden sich über ein Produkt informieren, ihre Bestellung aufgeben und auch _______ bezahlen. Das ist _________ und _________ für den Kunden und spart ________ für den Verkäufer. Alle Informationen, die der Kunde für seine ____________________ benötigt, können im Internet zur Verfügung gestellt werden. Die Geschäftsabwicklung sollte so weit wie möglich auf __________________ _____ erfolgen. Anfragen und Bestellungen können online entgegengenommen, Auftragsbestätigungen per ______ verschickt und die Bezahlung online abgewickelt werden. Ist ein Unternehmen im Investitionsgüterbereich tätig, d.h., sind die Kunden andere Unternehmen, spricht man vom sogenannten _____________ (Business to Business). Im Konsumgüterbereich hingegen sind die Kunden Privatpersonen. In diesem Fall ist vom ________________ (Business to Consumer) die Rede. Grundsätzlich bestehen mehrere Möglichkeiten des______________ ___________. Eine Möglichkeit ist die Einrichtung eines ______________ auf der Unternehmenswebsite, in dem nur eigene Produkte vertrieben werden. Eine andere Möglichkeit stellen Verkaufsplattformen, auch _____________ ______________ genannt, dar. Sie sind nach dem gleichen Prinzip aufgebaut wie ______________ der realen Welt. Unter einem Dach sind unterschiedliche Händler vereint, deren Produkte sich ___________, aber auch miteinander _____________ können. Verträge kommen im Internet genauso zustande wie in der realen Welt. Der ________________ erfolgt durch zwei ________________ Willenserklärungen, z.B. durch die Bestellung und die ______________ per E-Mail. Im B2C-Geschäft ist das __________________________________ zu beachten. Hiernach hat der Käufer ein _________________________. Der Widerruf muss keine Begründung enthalten und ist in Textform oder durch Rücksendung der Ware innerhalb von zwei Wochen nach Eingang der Ware beim Empfänger gegenüber dem Unternehmer zu erklären. Darüber hinaus muss im B2C-Geschäft gemäß __________________________ (PAngV) immer der Endpreis ____________ der gültigen USt angegeben werden. Die Verwendung von ________________ ist nur im B2B-Geschäft möglich. Nicht wenige Unternehmen begehen beim E-Commerce schwerwiegende ___________. Insbesondere _____________ Produktinformationen, ein _______________ und _________________ Bestellprozess sowie versteckte _________________ führen dazu, dass Unternehmen beim E-Commerce __________________.

Lernsituation 22 	# Der Kunde verweigert die Annahme	Absatzprozesse

Lernsituation:

Das Büroeinrichtungshaus Neumann KG in Hamburg bestellt bei der BüroTec GmbH in Moers zwölf Schreibtische vom Typ „Deluxe“. Als Liefertermin wurde der 20.09.20.. ausgemacht. Als Herr Bertel, Auslieferungsfahrer der AXO Logistik AG, die bestellten Schreibtische am vereinbarten Termin anliefert, kommt es zu folgendem Gespräch.

Herr Bertel: Guten Tag, Herr Neumann. Ich komme im Auftrag der BüroTec GmbH und bringe Ihnen die bestellten Schreibtische.

Herr Neumann: Schreibtische von der BüroTec GmbH? Die sollten heute geliefert werden? Ja, richtig, jetzt erinnere ich mich. Tja, junger Mann, die Schreibtische werden Sie wohl wieder mitnehmen müssen.

Herr Bertel: Ich glaube, ich verstehe Sie nicht ganz, Herr Neumann. Wie meinen Sie das?

Herr Neumann: Schauen Sie selbst. Meine Lagerräume sind bis unter die Decke voll. Kommen Sie doch in zwei Wochen wieder vorbei.

Herr Bertel: Das geht doch nicht. Sie haben die Schreibtische doch für heute bestellt.

Herr Neumann: Tut mir leid, aber ich kann die Schreibtische ja schlecht vor die Tür stellen. Nun entschuldigen Sie mich bitte. Ich habe Kundschaft.

*Herr Bertel telefoniert sofort mit Frau Schwer,
der zuständigen Verkaufsmitarbeiterin bei der BüroTec GmbH in Moers.*

Herr Bertel: Guten Tag, Frau Schwer. Hier gibt’s Probleme. Neumann in Hamburg will die bestellten Schreibtische nicht annehmen. Seine Lagerräume sind total überfüllt.

Frau Schwer: Das gibt´s doch gar nicht. Ist das etwa unser Problem? Na, der wird sich noch wundern. Herr Bertel, lagern Sie bitte die Schreibtische bei der Hamburger Lagerhaus OHG ein. Die Adresse kennen Sie ja. Ich werde mich um die Sache kümmern.

Arbeitsaufträge:

1. Ist in dem vorliegenden Fall das Büroeinrichtungshaus Neumann in Annahmeverzug geraten? Begründen Sie Ihre Meinung.
2. Welche Rechte stehen der BüroTec GmbH beim Annahmeverzug generell zur Verfügung (Info 1)? Tragen Sie Ihre Ergebnisse in das entsprechende Schaubild ein (Info 3).
3. Welches Recht sollte die BüroTec GmbH unter der Annahme in Anspruch nehmen, dass es sich bei dem Büroeinrichtungshaus Neumann um einen langjährigen guten Kunden handelt und außerdem die Schreibtische problemlos an einen anderen Kunden verkauft werden können? Begründen Sie Ihre Entscheidung.

Recht	

17 Schmidthausen, Prause ISBN 978-3-8120-1023-8

4. Nehmen Sie an, es handelt sich bei dem Büroeinrichtungshaus Neumann um einen weniger bedeutenden Kunden der BüroTec GmbH und die Schreibtische lassen sich aufgrund der derzeitigen wenig erfreulichen konjunkturellen Lage nur schwer anderweitig verkaufen. Für welches Recht sollte sich die BüroTec GmbH entscheiden? Begründen Sie Ihre Entscheidung.

Recht	

5. Welches Recht sollte die BüroTec GmbH unter den Annahmen wahrnehmen, dass sie sich derzeit aufgrund der schlechten Absatzlage in finanziellen Schwierigkeiten befindet und ihrerseits den vielfältigen Zahlungsverpflichtungen Lieferanten gegenüber nachkommen muss? Begründen Sie Ihre Entscheidung.

Recht	

6. Wer hat im Rahmen des Annahmeverzugs in jedem Fall die Mehrkosten für Einlagerung, Maklerprovision etc. zu tragen?
7. Auf dem Weg zum Hamburger Lagerhaus führen unerwartet einsetzende sintflutartige Regenfälle zu einem Verkehrschaos. Obwohl Herr Bertel vorsichtig gefahren ist, gerät er mit seinem Lkw ins Rutschen und stürzt eine Böschung hinunter. Er selbst bleibt unverletzt, die Schreibtische werden dabei jedoch vollständig zerstört. Die abgeschlossene Transportversicherung deckt den Schaden nur zu 50 %. Wer hat den restlichen Schaden zu tragen?
8. Angenommen, Herr Neumann wäre wegen einer schweren Magenkolik ins Krankenhaus eingeliefert worden und hätte deshalb die Ware nicht annehmen können. Hätte sich die Rechtslage verändert?
9. Verfassen Sie ein Schreiben an das Büroeinrichtungshaus Neumann KG in Hamburg, in dem Sie den Selbsthilfeverkauf ankündigen. Nutzen Sie hierzu den Vordruck unter Info 2.

Weitere Fälle:

Fall A:

Das Fahrradfachgeschäft Radwerk e.K. bestellt bei der Pro Cycle GmbH 20 Mountainbikes vom Typ Offroad im Wert von 22.000,00 €. Als Liefertermin wurde der 15.02.20.. vereinbart. Als die Mountainbikes am Nachmittag des 15.02.20.. von der Spedition Krause GmbH angeliefert werden, verweigert Herr Bremer, Inhaber der Radwerk e.K., die Annahme der Fahrräder mit der Begründung, er habe qualitativ gleichwertige Räder bei einem anderen Hersteller preisgünstiger erstanden. Nach Rücksprache mit Herrn Klugmann, dem zuständigen Verkaufssachbearbeiter bei der Pro Cycle GmbH, lagert der Auslieferungsfahrer der Spedition die Mountainbikes in einem ortsansässigen Lagerhaus ein und begibt sich auf den Rückweg.

1. Ist das Fahrradfachgeschäft Radwerk e.K. im vorliegenden Fall in Annahmeverzug geraten? Prüfen Sie die Voraussetzungen für den Annahmeverzug.

2. Welches Recht sollte die Pro Cycle GmbH unter folgenden Annahmen wahrnehmen?
   - Das Fahrradfachgeschäft Radwerk e.K. befindet sich in Liquiditätsschwierigkeiten.
   - Die Räder lassen sich aufgrund der guten konjunkturellen Lage problemlos an einen anderen Kunden verkaufen.

Recht	

3. Nehmen Sie an, die Pro Cycle GmbH hätte sich im Rahmen des Selbsthilfeverkaufs dazu entschieden, die Mountainbikes über einen Handelsmakler freihändig verkaufen zu lassen. Welche Pflichten kommen in diesem Fall auf die Pro Cycle GmbH zu?

4. Der von der Pro Cycle GmbH beauftragte Handelsmakler konnte die 20 Mountainbikes zu einem Preis von insgesamt 20.000,00 € verkaufen. Für seine Tätigkeit verlangt der Handelsmakler eine Provision von 15 % des von ihm erzielten Verkaufspreises. Zusätzlich sind der Pro Cycle GmbH durch die zwischenzeitliche Einlagerung Kosten in Höhe von 400,00 € entstanden. Wie sollte sich die Pro Cycle GmbH in dieser Situation verhalten?

Fall B:

Die Lehmann OHG, ein Computergroßhändler in Moers, bestellt 200 PCs bei der Olivetti GmbH in Frankfurt. Die beiden Unternehmen vereinbaren im Kaufvertrag eine Lieferung ab Mitte Februar. Am Donnerstag, den 15.02.20.. werden die 200 PCs angeliefert. Herr Borchert, Geschäftsführer der Lehmann OHG, verweigert die Annahme mit der Begründung, seine Lagerkapazität sei aufgrund der momentanen schlechten Absatzlage ausgeschöpft. Außerdem hätte die Lieferung angekündigt werden müssen. Die Olivetti GmbH entscheidet sich daraufhin, die PCs in einem Moerser Lagerhaus einzulagern.

1. Befindet sich die Lehmann OHG in Annahmeverzug?
2. Würde sich die Rechtslage ändern, wenn die Olivetti GmbH die Lieferung drei Tage vorher angekündigt hätte?
3. Welches Recht sollte die Olivetti GmbH in Anspruch nehmen, wenn sich die PCs aufgrund der allgemeinen schlechten wirtschaftlichen Entwicklung nur mit sehr großen Schwierigkeiten anderweitig verkaufen lassen und die Olivetti GmbH sich derzeit nicht in Zahlungsschwierigkeiten befindet?

Recht	

4. Veränderte Situation: Die Olivetti GmbH befindet sich gegenwärtig selbst in Zahlungsschwierigkeiten und entschließt sich dazu, die PCs öffentlich versteigern zu lassen. Der Lehmann OHG wurde der Selbsthilfeverkauf angedroht und erfolglos eine letzte Frist zur Abnahme eingeräumt. Welche Pflichten ergeben sich nun für die Olivetti GmbH?
5. Wider Erwarten konnte im Rahmen der öffentlichen Versteigerung für die PCs ein Mehrerlös von insgesamt 1.000,00 € erzielt werden. Die Kosten für die zwischenzeitliche Einlagerung betrugen 700,00 €. Für die Durchführung der Versteigerung mussten insgesamt 400,00 € veranschlagt werden. Wie soll sich die Olivetti GmbH in dieser Situation verhalten?

Info 1: Informationsbroschüre der Kanzlei Berger & Partner

Berger & Partner
Rechtsanwälte

Arbeitsrecht
Wirtschaftsrecht
Gesellschaftsrecht

Information „Aktuelles Schuldrecht"

Umgang mit Kaufvertragsstörungen (Quelle: Bürgerliches Gesetzbuch)

Annahmeverzug

A: Voraussetzungen

Um den Käufer in Annahmeverzug zu setzen, müssen drei Voraussetzungen erfüllt sein. Zunächst einmal muss der Verkäufer die Ware in der Form anbieten, wie es im Kaufvertrag vereinbart wurde. Hiermit ist gemeint, dass die Ware in der richtigen Art und Weise an den richtigen Ort geliefert werden muss (§ 294 BGB). Darüber hinaus muss die Lieferung fällig sein, d.h., der im Kaufvertrag vereinbarte Liefertermin darf nicht unter- bzw. überschritten sein. Ist der Zeitpunkt der Lieferung kalendermäßig nicht genau bestimmt oder bestimmbar, z.B. Lieferung ab Mitte März, muss die Lieferung eine angemessene Zeit vorher angekündigt werden. Wird die Ware überraschend geliefert, gerät der Käufer nicht in Annahmeverzug, wenn er die Annahme der Lieferung verweigert (§ 271 und § 299 BGB). Die dritte Voraussetzung ist, dass der Käufer die Annahme der ordnungsgemäß gelieferten Ware verweigert (§ 293 BGB).

B: Besonderheiten

Im Gegensatz zu anderen Kaufvertragsstörungen sind beim Annahmeverzug einige Besonderheiten zu beachten, die die rechtliche Position des Verkäufers verbessern. Befindet sich der Käufer in Annahmeverzug, haftet der Verkäufer nur noch bei grober Fahrlässigkeit und Vorsatz für die Ware (§ 300 I BGB). Das Risiko des zufälligen Untergangs geht auf den sich im Annahmeverzug befindlichen Käufer über (§ 275 BGB). Darüber hinaus gerät der Käufer auch dann in Annahmeverzug, wenn er aufgrund widriger Umstände nicht in der Lage war, die ordnungsgemäß gelieferte Ware anzunehmen.

C: Rechte des Verkäufers

Befindet sich der Käufer in Annahmeverzug, kann der Verkäufer aus verschiedenen Rechten auswählen.

Zum einen kann der Verkäufer die Sache auf sich beruhen lassen und vom Vertrag zurücktreten. In diesem Fall wird er aber i.d.R. die zusätzlich angefallenen Kosten, wie z.B. die Transportkosten, beim Käufer einfordern.

Zum anderen kann der Verkäufer aber auch den Käufer auf Abnahme der Ware verklagen. In der Zwischenzeit kann der Verkäufer jedoch die Ware auf Kosten und Gefahr des Käufers in einem „öffentlichen Lagerhaus" oder in „sonst sicherer Weise" hinterlegen. Eine Klage auf Abnahme der Ware nimmt i.d.R. längere Zeit in Anspruch.

Eine dritte Möglichkeit besteht für den Verkäufer daher darin, einen sogenannten „Selbsthilfeverkauf" durchzuführen. Das heißt im Klartext, dass der Verkäufer die Ware entweder öffentlich versteigern oder aber durch einen beauftragten Handelsmakler „freihändig verkaufen" lassen kann. Macht der Verkäufer von dem Recht zum Selbsthilfeverkauf Gebrauch, muss er die folgenden Pflichten beachten. Zunächst einmal muss er dem Käufer den Selbsthilfeverkauf androhen und dabei eine letzte Frist zur Abnahme der Ware einräumen, es sei denn, es handelt sich um verderbliche Ware. Man spricht in diesem Fall auch vom Notverkauf. Nimmt der Käufer trotz Androhung des Selbsthilfeverkaufs die Ware nicht ab, kann sie beispielsweise öffentlich versteigert werden. Bei einer öffentlichen Versteigerung sind Ort und Zeit der Versteigerung dem Käufer mitzuteilen, damit er selbst mitbieten kann. Das Ergebnis inklusive Abrechnung ist dem sich in Annahmeverzug befindlichen Käufer mitzuteilen. Den Mindererlös zwischen Rechnungsbetrag und Versteigerungspreis hat der Käufer zu ersetzen, ein eventueller Mehrerlös muss dem Käufer ausgezahlt werden. Alternativ kann die Ware durch einen Handelsmakler freihändig verkauft werden. Auch hier ist das Ergebnis inklusive Abrechnung (Minder- bzw. Mehrerlös) dem Käufer mitzuteilen. Selbstverständlich hat auch beim Selbsthilfeverkauf der Käufer die entstandenen Kosten für den Transport, die Einlagerung und die Versteigerung bzw. die Maklerprovision zu tragen.

Info 2: Vordruck Geschäftsbrief

BüroTec GmbH
Moers

BüroTec GmbH ◆ Anglerstraße 34 ◆ 47444 Moers

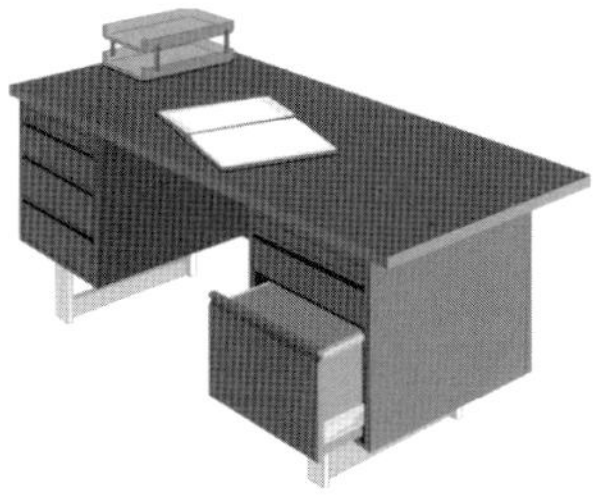

Ihr Zeichen, Ihre Nachricht vom	Unser Zeichen, unsere Nachricht vom	Telefon, Name 02841 283-	Datum
....	....	....	....

Geschäftsführer:
Moritz Schmidt
Michael Schneider
Petra Peters
Sitz der Gesellschaft:
Moers

Handelsregister:
Amtsgericht Moers
HRB 4415

Kommunikation:
Telefon: 02841 283-0
Telefax: 02841 283-1
E-Mail: info@buerotec.de

Bankverbindungen:
Sparkasse am Niederrhein
IBAN: DE41 3545 0000 0369 9908 94
BIC: WELADED1MOR
Postbank Essen
IBAN: DE79 3601 0043 0734 8993 29
BIC: PBNKDEFF360

Finanzamt Moers
Steuernummer:
12287679943
Ust-Id-Nummer:
DE 811127386

Info 3: Formular „Rechte des Verkäufers bei Annahmeverzug“

Alle zusätzlichen ________, wie Transport, Lagerung und Provisionen etc., sind in jedem Fall vom ________ zu tragen!

Rechte des Verkäufers bei Annahmeverzug

Der ________ haftet nur noch bei grober Fahrlässigkeit und Vorsatz für die Ware. Das Risiko des zufälligen Untergangs liegt beim ________!

wahlweise

1	2	3

Ausnahme: ________

- muss ________ werden
- dem Käufer muss ________ zur Abnahme eingeräumt werden

________ ________

- der Käufer muss über Zeit und Ort der ________ benachrichtigt werden
- der Käufer erhält eine ________ über den Verkauf inkl. der Abrechnung
  - den ________ muss der Käufer ersetzen
  - der ________ muss dem Käufer ausgezahlt werden

________ ________

durch einen Handelsmakler

- der Käufer erhält eine ________ über den Verkauf inkl. der Abrechnung
  - den Mindererlös muss der ________ ersetzen
  - der Mehrerlös muss dem Käufer ________ werden

Lernsituation 23	Der Kunde zahlt nicht (Teil 1)	Absatz-prozesse

Lernsituation:

Die Wagner GmbH, ein Unternehmen der Versicherungsbranche in Stuttgart, bestellt bei der BüroTec GmbH am 01.04.20.. zwanzig Bürostühle vom Typ „Deluxe“ zum Preis von insgesamt 25.000,00 €. Gemäß Kaufvertrag sind die Bürostühle am 14.04.20.. zu liefern. Als Zahlungstermin wurde der 21.04.20.. vereinbart. Am 28.04.20.. stellt Frau Behrens, Mitarbeiterin der Rechnungswesenabteilung bei der BüroTec GmbH, fest, dass die Wagner GmbH die Rechnung noch nicht beglichen hat. In Rücksprache mit Frau Roloff, einer Mitarbeiterin der Versandabteilung, erfährt Frau Behrens, dass die Bürostühle am 14.04.20.. ordnungsgemäß geliefert wurden. Die Rechnung lag der Lieferung bei. Frau Behrens ist verärgert: „Immer Ärger mit den Kunden!“

Arbeitsaufträge:

1. Ist im vorliegenden Fall die Wagner GmbH in Zahlungsverzug geraten? Gehen Sie in diesem Zusammenhang auch auf die Bedeutung einer Mahnung ein (Info 1).
2. Welche Rechte können allgemein im Rahmen der Nicht-Rechtzeitig-Zahlung vom Verkäufer geltend gemacht werden? Nutzen Sie hierzu das Raster (Info 3).
3. Welches Recht sollte die BüroTec GmbH unter folgenden Annahmen wahrnehmen?
   - Die Wagner GmbH befindet sich in Liquiditätsschwierigkeiten.
   - Die Wagner GmbH hat die von der BüroTec GmbH gesetzte Nachfrist verstreichen lassen.
   - Die Bürostühle sind unbeschädigt und befinden sich noch in der Originalverpackung. Sie können aufgrund der hervorragenden Absatzsituation problemlos zum gleichen Preis an einen anderen Kunden verkauft werden.

   Hinweis: Falls Schadensersatzforderungen geltend gemacht werden sollen, ist die Art des Schadens genau zu beschreiben.

Recht	

4. Welches Recht sollte die BüroTec GmbH unter folgenden Annahmen wahrnehmen?
   - Die Wagner GmbH befindet sich in Liquiditätsschwierigkeiten.
   - Die Wagner GmbH hat die von der BüroTec GmbH gesetzte Nachfrist verstreichen lassen.
   - Die Bürostühle sind unbeschädigt und befinden sich noch in der Originalverpackung. Sie können jedoch aufgrund der schwierigen Absatzsituation nur zu einem Preis von 22.000,00 € verkauft werden.

   Hinweis: Falls Schadensersatzforderungen geltend gemacht werden sollen, ist die Art des Schadens genau zu beschreiben.

Recht	

5. Berechnen Sie die Höhe der von der Wagner GmbH unter folgenden Annahmen zu zahlenden Verzugszinsen.

   - Die Wagner GmbH begleicht die Rechnung am 05.05.20..
   - Die Rechnung hätte am 21.04.20.. beglichen werden müssen.
   - Der Basiszinssatz der EZB beträgt: – 0,83 %.
   - Kalender

März						
M	D	M	D	F	S	S
1	2	3	4	5	6	7
8	9	10	11	12	13	14
15	16	17	18	19	20	21
22	23	24	25	26	27	28
29	30	31				

April						
M	D	M	D	F	S	S
			1	2	3	4
5	6	7	8	9	10	11
12	13	14	15	16	17	18
19	20	21	22	23	24	25
26	27	28	29	30		

Mai						
M	D	M	D	F	S	S
					1	2
3	4	5	6	7	8	9
10	11	12	13	14	15	16
17	18	19	20	21	22	23
24	25	26	27	28	29	30
31						

Juni						
M	D	M	D	F	S	S
	1	2	3	4	5	6
7	8	9	10	11	12	13
14	15	16	17	18	19	20
21	22	23	24	25	26	27
28	29	30				

Verzugszinsen	

6. Ab wann gerät die Wagner GmbH unter folgenden Annahmen in Zahlungsverzug?

   - Die Zahlungsbedingung lautete: „Zahlbar ab 21.04.20..“.
   - Die Zahlung wurde nicht angemahnt.
   - Die Wagner GmbH hat die Rechnung am 21.04.20.. erhalten.

Datum	

7. Inwiefern würde sich die Situation (Arbeitsauftrag 5) verändern, wenn es sich unter sonst gleichen Bedingungen um einen Privatkunden handeln würde?

8. Befände sich die Wagner GmbH, ausgehend vom Einstiegsfall, Mitte Juni 20.. in Zahlungsverzug wenn „Zahlung ab Juni“ vereinbart worden wäre?

9. Würde sich die Wagner GmbH, ausgehend vom Einstiegsfall, am 10.06.20.. in Zahlungsverzug befinden, wenn „Zahlung ab 1. Mai 20..“ vereinbart worden wäre?

10. Würde sich die Rechtslage ändern, wenn die Wagner GmbH deshalb nicht gezahlt hat, weil sich der Einkaufsleiter Herr Greif seit 2 Wochen wegen eines Beinbruchs, den er sich im Skiurlaub zugezogen hat, im Krankenhaus befindet?

11. Nehmen Sie an, die Zahlung hätte aufgrund eines kalendermäßig nicht bestimmbaren Zahlungstermins wie z.B. „Zahlung ab 21. April 20..“ zwingend angemahnt werden müssen. Setzen Sie die Wagner GmbH in Zahlungsverzug, indem Sie ein entsprechendes Schreiben aufsetzen (Adresse: Wagner GmbH auf der Zülpicher Str. 15 in 70173 Stuttgart). Nutzen Sie hierzu den Geschäftsbriefvordruck unter Info 2.

Weitere Fälle

Fall A:

Das Fahrradfachgeschäft Blume e.K. in Düsseldorf bestellt bei der Pro Cycle GmbH in Duisburg 10 Trekkingbikes vom Typ Black Forest. Wie vereinbart werden die Fahrräder ordnungsgemäß am 11.03.20.. geliefert. Als Zahlungstermin ist „Zahlung frühestens ab 11.03.20..“ vereinbart worden. Am 15.03.20.. stellt Herr Meiser, ein Sachbearbeiter der Buchführungsabteilung, fest, dass die Trekkingbikes immer noch nicht bezahlt sind.

1. Befindet sich Blume e.K. in Zahlungsverzug? Begründen Sie Ihre Auffassung.

2. Würde sich die Rechtslage ändern, wenn als Zahlungstermin der 11.03.20.. fix vereinbart worden wäre?

3. Gehen Sie von der Rechtslage gemäß Arbeitsauftrag 2 aus und nehmen Sie an, Sie haben von Geschäftsfreunden in Erfahrung gebracht, dass das Fahrradfachgeschäft Blume e.K. kurz vor dem finanziellen Ruin steht. Zudem ist die Absatzsituation der Pro Cycle derzeit so gut, dass die Fahrräder an einen anderen Kunden sogar zu einem höheren Preis verkauft werden könnten. Die Fahrräder sind noch verpackt und unbeschädigt. Welches Recht würden Sie in diesem Fall in Anspruch nehmen?

Recht	

4. Gehen Sie von der Rechtslage gemäß Arbeitsauftrag 2 aus und begründen Sie, wie Sie sich verhalten würden, wenn man davon ausgehen müsste, dass die Trekkingbikes anderweitig nur 10 % unter dem vereinbarten Kaufpreis von 900,00 € je Fahrrad verkauft werden können?

Recht	

Fall B:

Der Jeansgroßhändler Jeans Point KG in Krefeld bestellt bei der Boyson´s Jeans GmbH in Duisburg 50 Jeanshosen in verschiedenen Schnitten, Größen und Farben. Ordnungsgemäß wird die Ware am vereinbarten Liefertermin, dem 10.02.20.., geliefert. Als Zahlungstermin wurde „Zahlung sofort“ vereinbart. Am 15.02.20.. stellt man in der Buchhaltungsabteilung der Boyson´s Jeans GmbH fest, dass der Rechnungsbetrag immer noch nicht eingegangen ist.

1. Befindet sich die Jeans Point KG in Zahlungsverzug? (Begründung nicht vergessen.)

2. Nehmen Sie an, Sie haben die erforderlichen Schritte eingeleitet und die Jeans Point KG befindet sich nun in Zahlungsverzug. Welches Recht sollte die Boyson´s Jeans GmbH unter der weiteren Annahme in Anspruch nehmen, dass es sich bei den gelieferten Jeanshosen um Auslaufmodelle handelt, die nicht an einen anderen Kunden verkauft werden können?

Recht	

3. Nehmen Sie an, die Jeans Point KG ist unverschuldet in eine finanzielle Zwangslage geraten, weil Kunden ihre Rechnungen nicht pünktlich bezahlt haben. Würde sich hierdurch die Rechtslage ändern?

18 Schmidthausen, Prause ISBN 978-3-8120-1023-8

Info 1: Informationsbroschüre der Kanzlei Berger & Partner

Berger & Partner
Rechtsanwälte
Arbeitsrecht
Wirtschaftsrecht
Gesellschaftsrecht

Information „Aktuelles Schuldrecht“

Umgang mit Kaufvertragsstörungen (Quelle: Bürgerliches Gesetzbuch)

Nicht-Rechtzeitig-Zahlung

A: Voraussetzungen

Im Kaufvertrag hat sich der Kunde verpflichtet, die Ware zum vereinbarten Termin zu bezahlen. Zahlt er nicht rechtzeitig, kann unter bestimmten Voraussetzungen eine Nicht-Rechtzeitig-Zahlung, auch Zahlungsverzug genannt, vorliegen.

Grundsätzlich ist die Nicht-Rechtzeitig-Zahlung an die folgenden **Voraussetzungen** geknüpft (die Schuldfrage spielt bei der Nicht-Rechtzeitig-Zahlung keine Rolle):

1. Fälligkeit der Leistung (§ 271 BGB)

Die Zahlung muss fällig sein, d.h., der Zahlungstermin muss überschritten sein.

2. Mahnung durch den Verkäufer (§ 286 BGB)

Der Verkäufer muss den Käufer nach Eintritt der Fälligkeit durch eine formlose Mahnung zur Zahlung auffordern. Dies ist allerdings nur bei **kalendermäßig <u>nicht</u> genau bestimmten oder bestimmbaren Zahlungsterminen** notwendig. Beispiele hierfür sind: zahlbar sofort, zahlbar ab Mai 20.., zahlbar frühestens Ende August 20.., zahlbar 14 Tage nach Rechnungserhalt, zahlbar sobald wie möglich oder zahlbar sechs Wochen nach Eingang der Bestellung. Verzichtet der Verkäufer auf eine Mahnung, so befindet sich der Käufer spätestens 30 Tage nach Fälligkeit und Zugang der Rechnung in Zahlungsverzug. Der Verkäufer kann somit wählen, ob er durch eine rasche Mahnung den Zahlungsverzug sofort einleiten möchte oder ihn nach 30 Tagen automatisch eintreten lässt. Beispiel: Bei einem Zahlungstermin „ab 1. März 20..“ befindet sich der Schuldner am 1. April 20.. in Zahlungsverzug.

In folgenden Fällen hingegen ist <u>keine</u> Mahnung nötig, d.h., der Käufer gerät sofort in Verzug:

- Der Zahlungstermin ist **kalendermäßig genau bestimmt oder bestimmbar.** Beispiele: Zahlbar am 20.05.20.., Zahlungstermin am 22.05.20.. fix, zahlbar bis spätestens 20.05.20.., Zahlungstermin 38. Kalenderwoche 20.., zahlbar im Juli 20.. oder zahlbar Ende Mai 20..
- Die Zahlung wird vom Käufer ernsthaft und endgültig verweigert (Selbstinverzugsetzung).
- Es liegen besondere Gründe vor, die unter Abwägung der beiderseitigen Interessen den sofortigen Eintritt des Verzugs rechtfertigen.

B: Rechte des Verkäufers

Sind alle Voraussetzungen erfüllt, so kann der Verkäufer aus insgesamt **vier** verschiedenen **Rechten** auswählen.

Fortsetzung

Ohne eine Nachfrist setzen zu müssen, kann der Verkäufer folgende **zwei Rechte** geltend machen:

1. Der Verkäufer kann **auf Zahlung bestehen** (§ 433 BGB).
2. Der Verkäufer kann **auf die Zahlung bestehen und Schadensersatz verlangen.** In punkto Schadensersatz hat der Verkäufer Anspruch auf Verzugszinsen und kann, wenn weitere Schäden entstanden sein sollten, Schadensersatz wegen Verzögerung verlangen.

   <u>Anspruch auf Verzugszinsen (§ 288 BGB):</u>
   Der Verzugszinssatz für Entgeltforderungen aus Rechtsgeschäften, an denen ein Verbraucher beteiligt ist, beträgt 5% p.a. über dem von der Europäischen Zentralbank (EZB) festgelegten Basiszinssatz für Hauptrefinanzierungsgeschäfte. Unter Kaufleuten beträgt der Verzugszinssatz 9% p.a. über dem Basiszinssatz. Wurde zwischen den Vertragsparteien ein höherer Zinssatz vereinbart oder musste der Verkäufer aufgrund des Zahlungsverzugs einen Kredit zu einem höheren Zinssatz aufnehmen, kann er die höheren Zinsen verlangen. Auch andere Kreditkosten, wie z.B. Kreditprovisionen und Kreditbearbeitungskosten, können im Sinne dieser Vorschrift geltend gemacht werden.

   <u>Schadensersatz wegen Verzögerung (§ 280 BGB):</u>
   Sind weitere Schäden entstanden, kann der Verkäufer gemäß § 280 BGB auch den Ersatz dieser Schäden fordern. So kann der Verkäufer z.B. die Kosten eines Inkassobüros, die Verwaltungskosten, die zur Geltendmachung der Forderung erforderlich waren, sowie Gerichts- und Anwaltskosten verlangen.

Setzt der Verkäufer eine **angemessene Nachfrist** und ist die Zahlung nach deren Ablauf immer noch nicht erfolgt (erfolglose Nachfrist), kann der Verkäufer weiterhin die obigen Rechte in Anspruch nehmen oder aber aus folgenden **zwei Rechten** wählen. Eine Nachfrist gilt als angemessen, wenn der Käufer in dieser Zeit die Zahlung bewerkstelligen kann.

1. Der Verkäufer kann **vom Vertrag zurücktreten** (§ 323 BGB).

   <u>Ausnahmeregelungen:</u> Handelt es sich um einen Fixkauf (z.B. Zahlung am 20.05.20.. fix oder Zahlung spätestens am 20.05.20..), wird die Zahlung ernsthaft und endgültig verweigert oder liegen besondere Umstände vor, die unter Abwägung der beiderseitigen Interessen den sofortigen Rücktritt rechtfertigen, kann auf eine Nachfristsetzung verzichtet werden.
2. Ist ein Schaden entstanden, kann der Verkäufer **Schadensersatz statt Leistung verlangen** (§ 281 BGB). Beispiel: Der Verkäufer nimmt die Ware zurück und verkauft sie anderweitig zu einem niedrigeren Preis. Den Preisunterschied, die Rücknahmekosten und gegebenenfalls Verzugskosten, wie z.B. Verzugszinsen, hat der Käufer zu tragen.

   <u>Ausnahmeregelungen:</u> Wird die Zahlung ernsthaft und endgültig verweigert oder liegen besondere Umstände vor, die unter Abwägung der beiderseitigen Interessen den sofortigen Schadensersatzanspruch rechtfertigen, kann auf eine Nachfristsetzung verzichtet werden.

Info 2: Vordruck Geschäftsbrief

BüroTec GmbH
Moers

BüroTec GmbH ◆ Anglerstraße 34 ◆ 47444 Moers

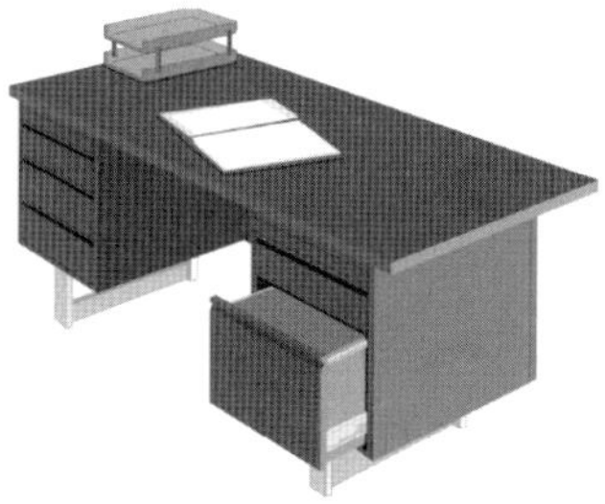

....
....
....
....
....
....
....
....
....

Ihr Zeichen, Ihre Nachricht vom	Unser Zeichen, unsere Nachricht vom	Telefon, Name 02841 283-	Datum
....	....	....	....

....

....
....
....
....
....
....
....
....
....
....
....
....
....
....
....
....
....
....
....

Geschäftsführer:	**Handelsregister:**	**Kommunikation:**	**Bankverbindungen:**	**Finanzamt Moers**
Moritz Schmidt Michael Schneider Petra Peters **Sitz der Gesellschaft:** Moers	Amtsgericht Moers HRB 4415	Telefon: 02841 283-0 Telefax: 02841 283-1 E-Mail: info@buerotec.de	Sparkasse am Niederrhein IBAN: DE41 3545 0000 0369 9908 94 BIC: WELADED1MOR Postbank Essen IBAN: DE79 3601 0043 0734 8993 29 BIC: PBNKDEFF360	Steuernummer: 12287679943 Ust-Id-Nummer: DE 811127386

Info 3: Formular „Rechte des Verkäufers bei Nicht-Rechtzeitig-Zahlung“

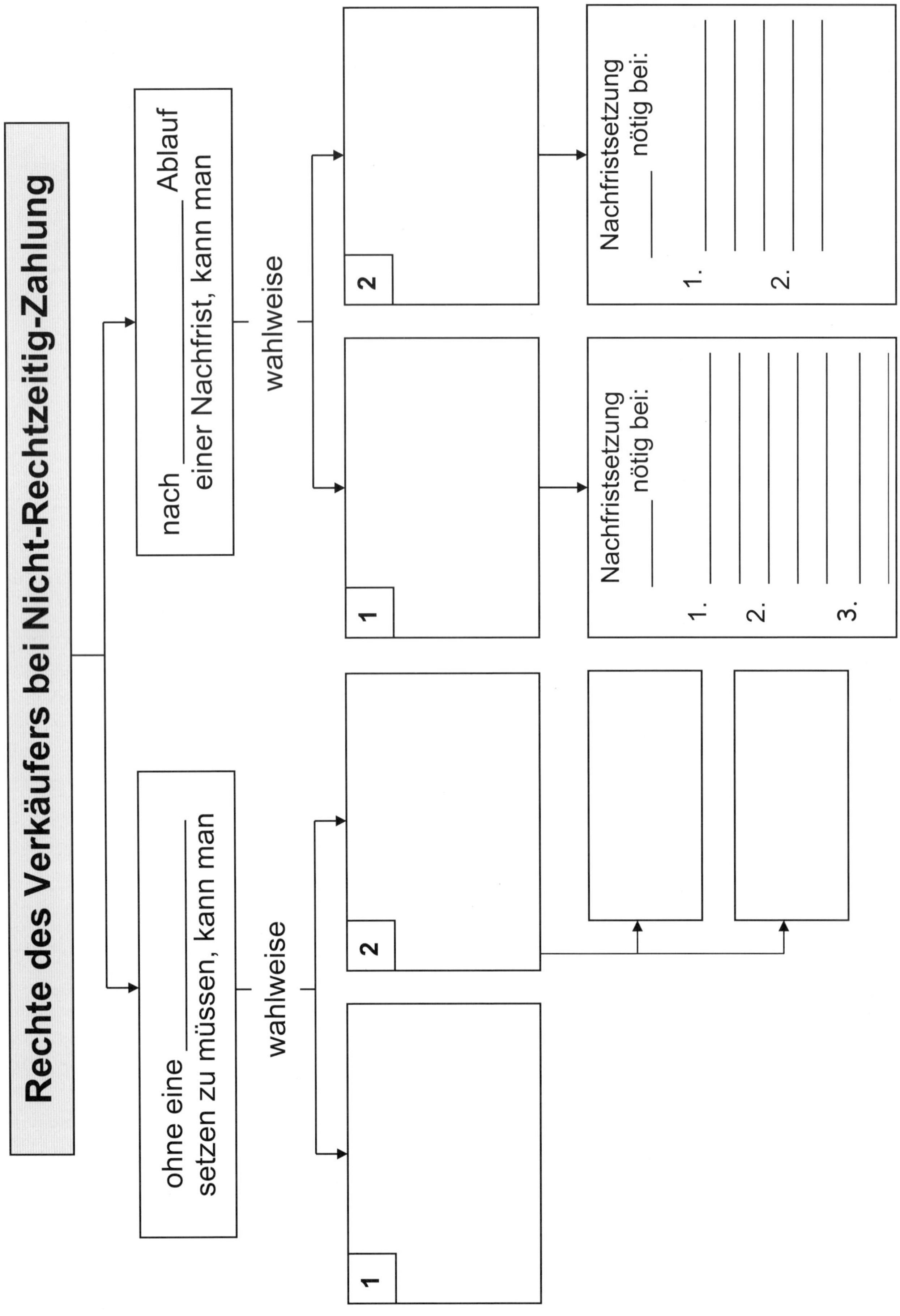

Lernsituation 24

Der Kunde zahlt nicht (Teil 2)

Absatzprozesse

Lernsituation:

Am Nachmittag des 25.05.20.. betritt Frau Behrens, Mitarbeiterin der Rechnungswesenabteilung, das Büro von Herrn Mischke, dem kaufmännischen Leiter der BüroTec GmbH.

Frau Behrens: Guten Tag, Herr Mischke, haben Sie kurz Zeit?

Herr Mischke: Selbstverständlich, Frau Behrens, was kann ich für Sie tun?

Frau Behrens: Wir haben Ärger mit der Wagner GmbH in Stuttgart. Obwohl die Bürostühle wie vereinbart geliefert wurden, hat die Wagner GmbH die am 21.04.20.. fällige Rechnung bis heute nicht bezahlt.

Herr Mischke: Was haben Sie unternommen, Frau Behrens?

Frau Behrens: Wir haben die Wagner GmbH bislang dreimal angemahnt. Ohne Erfolg und auch telefonisch hat man mich mehrfach abgewimmelt.

Herr Mischke: Um welchen Betrag geht es denn?

Frau Behrens: Die Wagner GmbH ist uns insgesamt 25.000,00 € schuldig.

Herr Mischke: Was für eine Unverschämtheit! Was denken die sich? Aber das lassen wir uns nicht bieten, Frau Behrens. Jetzt werden wir andere Saiten aufziehen.

Frau Behrens: Wie meinen Sie das, Herr Mischke?

Arbeitsaufträge:

1. Welche Probleme können sich für die BüroTec GmbH aus der mangelnden Zahlungsmoral der Wagner GmbH ergeben?

2. Welche Möglichkeiten stehen der Bürotec GmbH noch offen, ausgehend davon, dass das kaufmännische Mahnverfahren nicht den gewünschten Erfolg gebracht hat (Info 1)?

Möglichkeiten		
	1	
	2	
	3	

3. Welche Möglichkeit würden Sie wählen, um den Schuldner zur Zahlung zu bewegen?

Entscheidung	

4. Beschreiben Sie anhand von Info 1 den Ablauf des gerichtlichen Mahnverfahrens. Nutzen Sie hierzu die Vorlage unter Info 2.

5. Wie würde Ihre Entscheidung unter folgenden Annahmen ausfallen?

   - Die Wagner GmbH hat die gelieferten Bürostühle reklamiert.
   - Die BüroTec GmbH hielt die Reklamation für nicht gerechtfertigt und hat dies der Wagner GmbH in einem Schreiben mitgeteilt.
   - Die Wagner GmbH zeigt sich nach wie vor uneinsichtig.

Entscheidung	

6. Welches Gericht ist im Falle eines Klageverfahrens im oben genannten Fall zuständig? Zutreffendes bitte ankreuzen.

Amtsgericht		**Begründung:**
Landgericht		

7. Einige Unternehmen greifen im Falle des Zahlungsverzugs auf die Dienste von Inkassounternehmen zurück. Was spricht Ihrer Auffassung nach dagegen?

8. Um die Zahlungsmoral oder die Zahlungsfähigkeit der Kunden ist es nicht selten schlecht bestellt. Was können Sie im Vorfeld tun, um ausbleibende Zahlungen zu vermeiden?

Maßnahmen		
	1	
	2	
	3	
	4	
	5	
	6	

Info 1: Informationsbroschüre der Kanzlei Berger & Partner

Information „Aktuelles Schuldrecht“

Berger & Partner
Rechtsanwälte
Arbeitsrecht
Wirtschaftsrecht
Gesellschaftsrecht

Möglichkeiten, wenn der Kunde nicht zahlt

Befindet sich der Käufer im Zahlungsverzug und kommt er seinen Zahlungsverpflichtungen nicht nach, stehen dem Verkäufer insbesondere vier Möglichkeiten zur Verfügung:

Für das **außergerichtliche (kaufmännische) Mahnverfahren** bestehen keine rechtlichen Vorschriften. Daher ist die konkrete Vorgehensweise von Unternehmen zu Unternehmen sehr unterschiedlich. Meist wird der Käufer zunächst in Form einer Mahnung, häufig Zahlungserinnerung genannt, höflich gebeten, den ausstehenden Betrag zu begleichen. Geschieht dies nicht, wird der Ton in den nun folgenden Mahnungen schärfer werden. In der letzten Mahnung wird der Verkäufer noch einmal eine Frist mit dem Hinweis setzen, dass nach deren Ablauf das gerichtliche Mahnverfahren oder ein Klageverfahren eingeleitet wird. Nicht selten kommt dieses Schreiben schon von einer vom Gläubiger beauftragten Anwaltskanzlei. Man spricht in diesem Fall auch von einem anwaltlichen Aufforderungsschreiben. Grundsätzlich kann der Verkäufer jedoch auch schon in der ersten Mahnung rechtliche Schritte ankündigen.

Bleibt das außergerichtliche Mahnverfahren erfolglos, kann der Verkäufer das **gerichtliche Mahnverfahren** einleiten, eine **Klage vor dem Zivilgericht** einreichen oder ein **Inkassounternehmen** damit beauftragen, die Forderung einzutreiben.

Beim **gerichtlichen Mahnverfahren** muss der Gläubiger, unabhängig von der Höhe des Streitwerts, beim Mahngericht, einer Abteilung des Amtsgerichtes, einen Mahnbescheid beantragen, der z.B. als Vordruck im Internet abgerufen werden kann. Im Mahnbescheid wird festgehalten, wie hoch die Ansprüche sind und worauf sich die Forderungen stützen (z.B. Warenlieferung vom 15.09.20..). Die Angaben werden vom Amtsgericht jedoch nicht geprüft, da der Schuldner sehr einfach Widerspruch einlegen kann. Erhält der Schuldner vom Mahngericht den Mahnbescheid, hat er drei Möglichkeiten, zu reagieren. Die erste Möglichkeit besteht darin, zu zahlen. In diesem Fall ist das Verfahren beendet. Des Weiteren kann der Schuldner schriftlich binnen zwei Wochen Widerspruch einlegen. Ist dies der Fall, kommt es zu einem Klageverfahren vor dem Zivilgericht, auch Zivilprozess genannt. Hierfür ist bei einem Streitwert bis 5.000,00 € das Amtsgericht und bei einem Streitwert über 5.000,00 € das Landgericht zuständig, in dessen Bezirk der Schuldner seinen Wohn- bzw. Firmensitz hat. Fällt das Urteil zugunsten des Gläubigers aus, kann dieser die Zwangsvollstreckung beantragen. Der Schuldner kann jedoch auch gar nicht reagieren. In diesem Fall kann der Verkäufer beim Mahngericht einen Vollstreckungsbescheid beantragen. Nun stehen dem Schuldner wiederum drei Möglichkeiten zur Verfügung. Erstens: Er zahlt, dann ist das Verfahren beendet. Zweitens: Er erhebt schriftlich binnen zwei Wochen Einspruch. Dann kommt es wie beim Widerspruch gegen den Mahnbescheid ebenfalls zu einem Klageverfahren vor dem zuständigen Amts- bzw. Landgericht (siehe Widerspruch gegen den Mahnbescheid).

Fortsetzung

Fällt das Urteil zugunsten des Gläubigers aus, kann dieser die Zwangsvollstreckung beantragen. Drittens: Der Schuldner reagiert gar nicht. Auch in diesem Fall kann der Gläubiger die Zwangsvollstreckung beantragen. Eine Zwangsvollstreckung, auch Pfändung genannt, wird von einem Gerichtsvollzieher durchgeführt und kann erfolgreich oder aber erfolglos verlaufen. Im positiven Fall werden die gepfändeten Gegenstände zwangsversteigert. Mit dem erzielten Erlös werden die Schulden beglichen. Bleibt die Pfändung ganz oder teilweise erfolglos, kann der Gläubiger eine eidesstattliche Versicherung des Schuldners über seine Vermögensverhältnisse beantragen. Das beim Amtsgericht befindliche Schuldnerverzeichnis, in das die eidesstattliche Versicherung eingetragen wird, kann jeder einsehen. Durch die eidesstattliche Versicherung soll verhindert werden, dass der Schuldner Vermögenswerte der Zwangsvollstreckung entzieht. Verweigert der Schuldner die eidesstattliche Versicherung, kann er auf Antrag des Gläubigers bis zu sechs Monaten in Haft genommen werden. Für rechtskräftig festgestellte Ansprüche, z.B. aufgrund eines Gerichtsurteils, gilt eine dreißigjährige Verjährungsfrist, die mit der entsprechenden rechtlichen Feststellung des Anspruchs beginnt. Wie oben beschrieben führten der Widerspruch gegen den Mahnbescheid sowie der Einspruch gegen den Vollstreckungsbescheid zu einem Klageverfahren vor dem Zivilgericht.

Das gerichtliche Mahnverfahren ist, wenn sich der Schuldner einsichtig zeigt und seine Schulden bezahlt, schneller, einfacher und kostengünstiger als das Klageverfahren vor dem Zivilgericht. Beispiel: Wird ein Rechtsanwalt damit beauftragt, einen Mahnbescheid zu beantragen, liegen die Kosten bei einem Streitwert von 25.000,00 € bei 1.000,00 €. Reagiert der Schuldner nicht, muss ein Vollstreckungsbescheid beantragt werden. In diesem Fall erhöhen sich die Kosten auf ca. 1.500,00 €. Die Kosten können dem Schuldner in Rechnung gestellt werden.

Wenn der Gläubiger schon im Vorfeld mit einem Widerspruch bzw. Einspruch rechnet, ist es sinnvoll, auf das gerichtliche Mahnverfahren zu verzichten und sofort das **Klageverfahren vor dem Zivilgericht** zu beantragen. In diesem Fall sind bei einem Streitwert von 25.000,00 € Kosten in Höhe von ca. 3.000,00 € zu veranschlagen. Die Kosten hat die unterlegene Partei zu tragen. Wird gegen das Urteil eines Amtsgerichts (als erste Instanz) Berufung eingelegt, ist das Landgericht als Berufungsinstanz zuständig. Gegen Urteile des Landgerichts (als erste Instanz) ist das Oberlandesgericht zuständig. Widersprüche gegen dessen Urteile heißen Revision. Zuständig ist der Bundesgerichtshof.

Eine weitere Möglichkeit besteht darin, ein **Inkassounternehmen** damit zu beauftragen, die Forderungen beim Schuldner einzutreiben. Die anfallenden Kosten sind mit denen des gerichtlichen Mahnverfahrens zu vergleichen und können dem Schuldner in Rechnung gestellt werden. Das Inkassounternehmen wird versuchen, den Schuldner durch häufige briefliche, telefonische oder persönliche Mahnungen zur Zahlung zu bewegen. Seit Inkrafttreten des Rechtsdienstleistungsgesetzes (RDG) im Jahr 2008 dürfen Inkassounternehmen auch im Auftrag des Gläubigers gerichtliche Mahnbescheide, Vollstreckungsbescheide, Zwangsvollstreckungen und Haftbefehle zur Abgabe eidesstattlicher Versicherungen beantragen. Inkassounternehmen haben ein eher schlechtes Image. Um den Schuldner zur Zahlung zu bewegen, wird häufig das Umfeld des Schuldners über dessen mangelnde Zahlungsmoral informiert. Die sich hieraus ergebende Rufschädigung soll den Schuldner zur unverzüglichen Zahlung bewegen.

Info 2: Gerichtliches Mahnverfahren

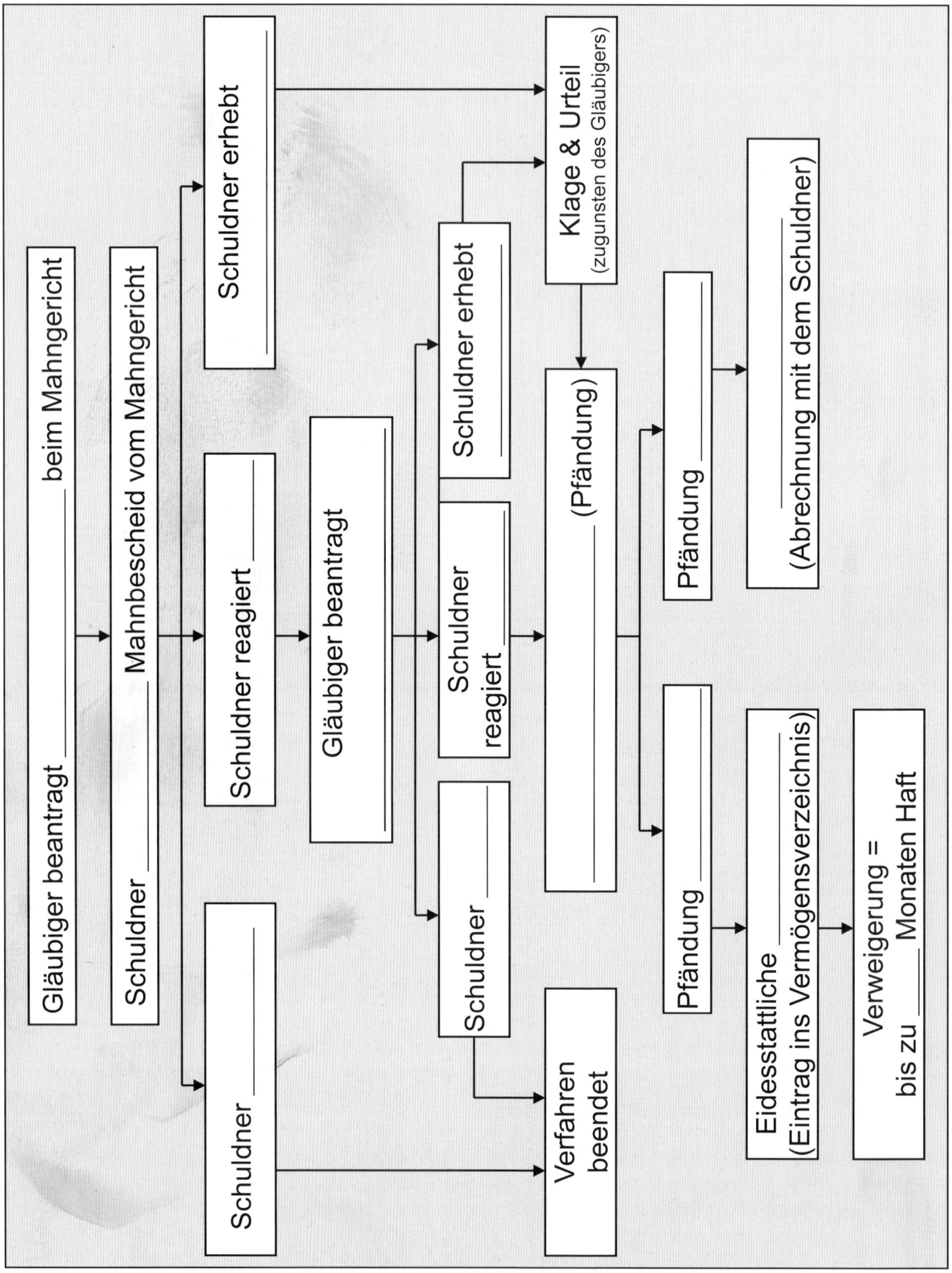